Auerbach, Ber

Tagebuch aus Wien

Von Latour bis auf Windischgraetz

Auerbach, Berthold

Tagebuch aus Wien

Von Latour bis auf Windischgraetz

Inktank publishing, 2018

www.inktank-publishing.com

ISBN/EAN: 9783750118409

All rights reserved

Tagebuch

aus

Wien.

Von Latour bis auf Windischgrätz.

(September bis November 1848).

Von

Berthold Auerbach.

Breslau,

Verlag der Schletter'schen Buchhandlung
(H. Boas).

1849.

Vorwort.

Ich bin mitten in eine gewaltige zeitge=
schichtliche Bewegung verfetzt worden, ich
erkenne die Verpflichtung, die Thatsachen und
Eindrücke, wie sich solche mir gestellt, getreu
der Welt darzulegen. Ich bekenne offen, daß
ich nicht aus Neigung, sondern nur aus Pflicht=
gefühl meinen gewohnten Weg verlaffe, indem
ich hier Erlebtes unmittelbar als solches dar=
stelle und dabei mit dem Ich aufzutreten ge=
nöthigt bin. Wer hat es nicht mit erfahren,
wie die unbeftreitbarften Thatsachen in unferen

Tagen verhehlt oder verkehrt werden und somit die Geschichte gefälscht wird? Durch Zurückhaltung persönlicher Erfahrungen macht man sich dieses Verbrechens mit theilhaftig. — Darum habe ich auch das Gesehene nicht zu abgeschlossenen Bildern ausgearbeitet, wobei sich in Färbung und Füllung leicht eine noth= wendige Zuthat aufbringt. Die Kunst wird sich schon später ihre Errungenschaften aus dem jetzt Geschehenden aneignen. Vorerst gilt es vor Allem die einfache Wahrheit ohne Zuthat und ohne weitere Abrundung, als die Geschichte selbst bietet.

Die Verwirrung und momentane Niederlage in den edelsten vaterländischen und Freiheits= bestrebungen kommt wesentlich auch davon her, daß die unmittelbare Belehrung und

Leitung des Volkes so vielfach unreifen und unreinen Charakteren überlassen war. Dem kecken bajonetten=strotzenden Uebermuthe gegen= über müssen nun diejenigen hervortreten, die zur Zeit, als nur der Schrei leidenschaftlicher Aufregung gehört wurde, nicht durchzudringen vermochten. In dem Erlebten, das ich hier darlege, halte ich den individuellen Standpunkt fest, weil ich glaube, daß aus dem Zusammen= fassen solch subjektiver Wahrnehmungen sich die objektive Wahrheit am besten er= mitteln läßt.

Die Schilderung meines Septemberaufent= haltes und der Reise nach Steyermark mag wol als Grundlage dienen, um sich in den folgenden Ereignissen und Stimmungen zu orien= tiren.

Ich konnte nicht umhin, bei einzelnen Anläſſen Betrachtungen anzuknüpfen. Einſich= tige Leſer werden ſich das Andeutende und Aphoriſtiſche derſelben leicht ausführen und er= weitern. Ich hätte ein großes Buch ſchreiben müſſen, wenn ich alle die Thema's nur einiger= maßen erſchöpfend hätte behandeln wollen. Ich gebe hier zunächſt einen Beitrag zur Zeitge= ſchichte.

Breslau, Anfangs Dezember 1848.

Berthold Auerbach.

Den 12. September Mittags reiste ich von Breslau ab. Schon auf der Grenze muthete es mich heimath= lich an; man trinkt in Oesterreich aus offenen Flaschen und holt den Wein vom Fasse, er ist nicht wie in Norddeutschland auf verkorkte Flaschen gezogen. Das erschien mir als sinnbildlich auch für das geistige Ge= nießen; in Norddeutschland sind auch die Begriffe mehr auf Flaschen gezogen. Ein behäbiger Wiener, der mir bei Tische gegenüber saß und den ich fragte, ob der Wein gut sei, gab mir sein Glas „zum Ver= kosten." Auch das heimelte mich an, dieser zutrauliche Brauch ist in Norddeutschland fast unmöglich. Der gute Wiener war mit seiner Frau zur Erholung nach Berlin gereist, sie waren aber überall mitten in die Unruhe gerathen. Es ließe sich überhaupt ein interes= santes komisches Charakterbild, ein Lustspiel schaffen, das „der Wühler wider Willen, oder Hampelmann

Auerbachs Tagebuch. 1

auf den Barrikaden" heißen könnte; wo der Arme sich
hinwendet, da geht's los, er muß überall die Suppe
mit ausessen, die er nicht eingebrockt. Aber noch
beben die Zuckungen der neuen Bewegung zu sehr in
den gespannten Nerven, noch ist's überall zu sehr bit=
terer zweifelhafter Ernst, als daß man vermöchte, ein
harmlos heiteres Bild der Gegenwart mit fester Hand
zu entwerfen. Eben diese täglich wiederkehrenden An=
spannungen haben in vielen Gemüthern eine Ruhesucht
erweckt, die man mit Recht als Fanatismus bezeichnet.
Die Söhne eines faulen Friedens haben jetzt, da der
Krieg losgebrochen, viel zu zarte und empfindsame
Nerven. Dieses Rollen und Rauschen ist ihnen un=
erträglich.

Die Welt ist jetzt im Umzuge begriffen, man ist in
der alten Wohnung nicht mehr zu Hause und in der
neuen noch nicht eingerichtet. Nur diejenigen, die sich
seit lange mit ihren besten Herzenstrieben im alten
Vaterlande heimathlos fühlten, und die, wie man's
so gerne nannte, in überschwänglichen Luftschlössern
sich ansiedelten, fühlen sich froh und wohlgemuth, noch
in der Schwebe gehalten zu sein.

Es ist aber vor Allem nöthig, starke Nerven und rüstiges Vertrauen in die eigne Thatkraft sich zu erobern, um die großen Umwälzungen unserer Tage mit festem Herzen zu bestehen.

Schon auf der vorletzten Station stand eine Musik= bande am Anhalteplatze und spielte helle Ländler. Die Musik drängt sich hier noch in die Pausen des Loco= motiv=Rollens. Es wird halt doch noch das lustige Oesterreich sein!

Schöne Trauben und Pfirsiche, die angeboten wurden, zeigten, daß wir in den fröhlichen Herbst eines gesegneten Landes kommen. Auf dem Bahnhofe hatte eine Abtheilung der akademischen Legion die Wache. Wohlbekannte Studentenlieder schallten aus der Wacht= stube, und ich sah lebensmuthige Gesichter unter den Calabresern mit wallender Feder. Du fröhliche Jugend! dir ist ein glückliches Loos beschieden. Während wir Aelteren für unsere schwarz=roth=goldenen Verbrüde= rungen und unser Dichten und Trachten nach deutscher Einheit in Kerfern und auf Festungen büßen mußten, trägst Du das Banner offen und frei und die höchste Mannesehre, die Wehrhaftigkeit, ist dir geworden.

4

Du wirst nicht mehr deine tiefsten Herzenswünsche in geheime Verbindungen einknüpfen, in Verschwörungen den Bruderbund schließen und im Kerker deine Kraft versiechen sehen; kühn und offen betrittst du den freien Plan des Lebens, und wenn die alte Zwietracht und hinterlistige Herrschsucht sich abermals erhöbe, wirst du kämpfen und siegen in offener Feldschlacht mit der ganzen Nation.

Gleich jenem Soldaten im Volksliede, der zu Straßburg auf der Schanze das Alphorn schallen hört, schwimmt der Geist, der auf der Warte steht, beim Schallen alter Klänge leicht durch den rauschenden Strom der Jahre hinüber nach dem jenseitigen verlassenen Ufer des Jugendlebens.

Trotz des krausen Wirrwarrs unserer Tage fühlt sich das Herz doch freudig gehoben, diese Zeit noch mit erlebt zu haben. Die dämmernden Jugendträume sind zu sonnigen Tagesgestalten geworden. Erheben sich auch schon wieder allüberall die Sonder = und Souverainitäts = Gelüste, wir müssen die volle und wahre Einheit, die zugleich auch die Freiheit, durchführen. Jetzt oder nie. —

.Bei der Einfahrt nach Wien war mir's zu Muthe,
als zöge ich in eine heimathliche Stadt. Gewiß sind
die Jugendeindrücke hierbei nicht ohne Mitwirkung.
Die Zeit, als mein Geburtsdorf im Schwarzwalde
noch zu Vor-Oesterreich gehörte, habe ich nicht mit
erlebt, aber doch hörte ich als Kind noch viel von
Kaiser Joseph und Maria Theresia reden. Der Zug
der süddeutschen Wanderschaft ist dem Laufe der
Donau nach, die bei uns entspringt, gen Wien.
Viele Handwerker in unserm Dorfe waren „in Wien
drein gewes't" und wußten auch viel davon zu erzählen.
Hätte es die alte österreichische Regierung verstanden,
es wäre ein Leichtes gewesen, auch den Zug der Aus-
wanderung aus Süddeutschland der Donau nach
zu leiten; aber Oesterreich bot weder Schutz noch Freiheit und Amerika war das Asyl.

Im Gasthofe traf ich mit meinem tapfern Freunde
Schuselka zusammen. Dieser, ehedem so gehetzt und
verfolgt vom alten Systeme, ist jetzt Einer der Wenigen,
die mit großartigem Blicke und politischer Einsicht ausgestattet, als berufen angesehen werden, das neue
Oesterreich zu gestalten. Wer tiefer in die Gegenwart

blickt und wer einst die Geschichte derselben zu verzeichnen
hat, wird genau in's Auge fassen müssen, daß die große
Mehrzahl aller Derer, die schon vor dem Frühlinge
dieses Jahres für die Freiheit und Größe des Vater=
landes gestritten und gelitten, jetzt nicht zu den Ultra's
gehören. Das kommt nicht blos aus einer gewissen
Gewohnheit des Nachgebens und Respectirens beste=
hender Verhältnisse, aus einer gewissen Censurfähigkeit
in umfassenderer Bedeutung, in der man sich drein ge=
funden hat, den halben Gedanken, die halbe Consequenz
zu retten und nun den vollen Ausdruck nicht mehr findet.
Allerdings gibt es in der Gefangenschaft verkommene
Naturen, die sich mit einer volksthümlichen Umgestal=
tung des Bundes u. dgl. genügen. Es ist eine übel
angebrachte Pietät, daß das Volk solchen Reliquien jetzt
noch einen lebendigen Beruf zumuthete. Aber Männer
wie Gagern, Römer, H. Simon u. v. A., stehen
nur deshalb auf der maßhaltenden Partei, weil sie die
Tragkraft des gegenwärtigen Volksgeistes kennen und
ihm gerecht zu werden trachten. Wer wird es verken=
nen, daß eine neue Zeit auch neuer Menschen bedarf,
ungestümer, rücksichtsloser Dränger und Treiber? Die

Freigesinnten aus unserer nächsten Vergangenheit verhalten sich zu den Ultra's oft wie die Mutter im Urtheil
Salamonis, sie haben das Kind der neuen Zeit unter
dem Herzen getragen und wollen daß es leben bleibe,
nicht daß es zerfleischt werde.

Beim ersten Ausgange fand ich die Stadt heiter
belebt, es promenirt sich auch so lustig auf dem
vortrefflichen Granit-Pflaster mit seinen gutgemeißel-
ten und fest eingefugten Würfeln. Ein begegnender
Bekannter bedauerte, daß ich nicht früher nach Wien
gekommen sei. Das alte lustige Wien sei nicht mehr
zu finden. — Es gibt doch Tausende von Menschen,
die sich nach abgetretenen Redensarten immer wieder
auf's Neue bücken und sie aufheben! Diese Bemerkung
mit dem alten Wien wird mir gewiß noch oft wiederholt, und Niemand denkt, daß jeder Andere das auch
sagen wird. Wenn die Menschen nur das sagen würden, was ihnen persönlich und eigenthümlich angehört,
so ginge freilich die sogenannte Unterhaltung verloren,
aber das Leben gewänne an Fülle und echter Mannig-
faltigkeit. Wem wäre das heutige Wien nicht lieber,
als das alte mit seinen Spitzeln und seinen Prater-

fahrten? Die gesunde Fröhlichkeit eines Volksstammes geht nicht unter durch die Sorge für das Gemeinwohl, sie wird eine höher berechtigte. Wenn wir einst über die Negation und Opposition hinaus sind, werden wir ein Volksleben gewinnen voll neuer, ungeahnter Schönheit. Jetzt ist hierin noch die stille Charwochen-Zeit, aber der Ostern wird kommen, und, mit Münchhausen zu reden, die in der Luft eingefrornen Töne werden aufthauen und lustig klingen.

Die Städte sind jetzt zu riesigen Büchern geworden, die Ecken sind die einzelnen Blattseiten. Das nachkommende Geschlecht wird auch dieses, wie die Eisenbahnen u. dgl., als etwas Gewohntes hinnehmen und kaum mehr ermessen können, wie lang und mühsam wir um solche offene Verständigung ringen mußten.

An den Ecken war besonders ein großes Plakat bemerkenswerth, es war überschrieben: „Mitbürger" und unterzeichnet von sämmtlichen Ministern. Es war darin von einem Aktienverein die Rede, wegen dessen man tumultuirt hatte, und ward nun Beruhigung versprochen.

Die erste sogenannte Sehenswürdigkeit, die ich betrachtete, war die Statue Kaiser Josephs. Das ist das

edelste Heiligthum Wiens. Der Kaiser, der in alt=
römische Tracht maskirt ist, hält die schwarz=roth=goldene
Fahne in der Rechten, und dort links ist der Eingang
zu dem Saale, wo die Abgeordneten der bunten Völker=
schaften Oesterreichs tagen. Es gehört zu den müßigsten
Philisterphrasen: Was würde ein Joseph, was ein
Friedrich II. in unsrer Zeit sein? ... Sie waren der letzte
Glanz der Fürstenmacht, von der Geschichte für ihre
eigene Zeit geschaffen und für keine andere. Nicht um=
sonst sammelten diese Fürsten die Glorie der Humanität
um ihr Haupt, Joseph vor allen; und nicht umsonst
sitzen jetzt Carricaturen auf den Thronen. Der Weltgeist
weiß was er will.

Die Reichsversammlung machte einen eigenthüm=
lichen Eindruck auf mich. Es ist hier keine Spur von
dem kecken dramatischen Leben anderer Abgeordnetenver=
sammlungen durch Zwischenrufe, Repliken oder derglei=
chen. Alles geht seinen gemessenen Gang. Fast komisch
ist das Beifallklatschen, das, vom Saale ausgehend,
sich natürlich auch elektrisch auf die Galerieen fortzieht.

Wir da draußen in dem Reich, wir wissen es kaum,
was für seltsame Vettern wir in dem Oesterreich haben.

Da sitzen die ruthenischen und walachischen Bauern in
ihren abenteuerlich schwerfälligen Trachten. Mitunter
herrliche Gestalten, mit ausdrucksvollen Gesichtern.
Wenn nun aber so Einer aufsteht und die teppichbelegte
Treppe hinabsteigt, tritt er mit seinen hohen Stiefeln
so behutsam auf, so ängstlich sorgsam, sich bald hüben
bald drüben am Geländer haltend, daß man wohl sieht,
der gute Mann ist hier in seinem Volkshause doch nicht
recht daheim, und durch lange Reden und Opposition-
machen wird er auch nicht ermüden. Es ist ein wun-
derliches Zusammenspannen dieser an Cultur und
Lebensrichtung so ganz verschiedenen Völker. Dennoch
aber darf man nicht vergessen, daß mitten in einem
stammeseinigen Volke oft die Culturstufen nicht minder verschieden sind. Unverkennbar ist's, daß schon
beim ersten Ueberschauen dieser Versammlung, die wol
einzig in der Geschichte dasteht, sich der Blick erweitert.
Wir lernen ermessen, daß uns Deutschen eine unsäglich
große Aufgabe gestellt ist, nach dem Osten hin Bildung, Gesittung und freies Leben auszubreiten. Die
Frage drängt sich bald auf: Müßte es doch sein, wäre
Ein Haus zu enge für alle die Familienangehörigen,

unb müßte ein Weifel ausziehen mit einem felbftän=
bigen Schwarme? Dürfen wir unfre beutfchen Brü=
ber in Defterreich entlaffen, weil fie eine eigene Auf=
gabe haben, unb bebürfen wir nicht ihrer unb fie
unferer? Weil biefe bunten Völkerfchaften für fich
felbft fich nicht halten können, finb wir barum be=
rechtigt ober gar verpflichtet, uns von ben Unfrigen
zu fcheiben?

Die Verhanblungen biefes Tages gehörten, wie
man mir fagte, zu ben bebeutfamften.

Der Verein beutfcher Vertrauensmänner in Böh=
men bittet, baß bie noch rückftänbigen Wahlen für bas
Frankfurter Reichsparlament vollzogen werben. Meh=
rere Abgeorbnete lachten — man.nannte mir fie als
Czechen.

Sobann wurbe ber Stabt Wien ein Krebit von
zwei Millionen Gulben zu unverzinslichen Vorfchüffen
bewilligt. In ber Debatte hierüber wurbe geltenb ge=
macht, baß Wien nicht für fich allein, fonbern für
ben gefammten Staat große Opfer gebracht habe unb
bringe.

Auf eine frühere Interpellation Golbmark's ant=

wortete Latour, daß in den italienischen Angelegen=
heiten die Vermittelung Englands und Frankreichs
angenommen sei, daß man aber die Akten hierüber nicht
vorlegen könne. Goldmark protestirte energisch gegen
die Vorenthaltung der Akten, der Reichstag müsse
Kenntniß von dem Thun des Ministeriums haben.
Der Präsident Strobach endete die Debatte hierüber
nach Anleitung eines Paragraphen der Geschäfts=
Ordnung.

Auf eine Anfrage wegen des Swobodaischen Ver=
eins (auf den sich der gestrige Krawall und das heutige
Plakat bezieht) erklärte der Handelsminister Horn=
bostl, daß das Ministerium keine Garantie für die
Schwindeleien eines Privatmannes übernehmen könne,
aber alles Mögliche thun werde zur Hebung des Ge=
werbstandes.

Der Abgeordnete Straßer hält eine lange und
langweilige Rede, in der er sich darüber ereiferte, daß
man dem siegenden Heere in Italien nicht seine ju=
belnden Sympathien ausgedrückt habe. Borkowski,
Violand, Füster und Borrosch sprachen ausführlich
und zum Theil begeistert über den Unterschied zwi=

schen bloßer Waffenehre und dem Ruhme der höheren Gesittung zu dienen.

Jetzt tritt Latour auf mit einem Zettel in der Hand und verkündet, daß ihm soeben die Nachricht zugekommen, es gingen aufrührerische Umtriebe vor. In der Aula werde eine Versammlung gehalten und die akademische Legion ginge damit um, den Reichstag zu sprengen und das Ministerium zu stürzen, es sei vom Nationalgarde-Kommandanten Militär verlangt worden, dieses sei bereits ausgerückt und werde sich so lange als möglich ruhig verhalten. Auf den Antrag von Löhner erklärt sich die Versammlung für permanent. Einzelne Abgeordnete gehen weg, um die Sachlage zu erkunden. Der Justizminister Bach erklärt sich gegen die Permanenz des Reichstags, da dieser hierdurch in die Exekutive eingreife.

Ich ging auch hinaus. Auf den Platz „am Hof" rückte wirklich eine große Anzahl Bewaffneter und viele hatten einen gedruckten Zettel auf dem Hut mit der lächerlichen Anforderung auf Wiedereinsetzung des in der Revolution bestandenen Sicherheitsausschusses, während doch jetzt die Reichsversammlung tagt. Mili=

tair und Volkswehr standen sich auf dem Platz am Hofe feindlich gegenüber, aber man ging doch wieder friedlich auseinander.

Eine Spaltung in der Nationalgarde, worin sich eine Partei bildet, die ausgesprochen „mit der Aula sympathisirt", scheint vor sich zu gehen.

Am Abend hielten Borrosch, Schuselka und Violand beruhigende Reden in der Aula. Ich ging dorthin, kam aber zu spät.

Aus dem Reichstage hört man, daß dort Alles geschlichtet und geebnet wurde.

Bis spät in der Nacht war große Aufregung in der Stadt, man sprach davon, daß man eine Veranlassung suche, um die akademische Legion aufzulösen. Für diese zeigte sich überall die innigste Theilnahme, die Frauen und besonders die Arbeiter sprachen fast weinend über die Verleumbungen gegen die lieben, lieben Studenten.

den 14. September.

Hier liegt überall großer Zündstoff und ganz nahe die brennende Lunte. Die verschiedenartigsten Mei=

nungen durchkreuzen sich. Das Ministerium ist offen=
bar in einzelnen Persönlichkeiten unbeliebt, aber be=
sonders die Czechen erhalten die Majorität im Reichs=
tage und es ist von großer Bedeutung, daß Rieger,
einer der czechischen Führer, vor wenigen Tagen im
Reichstage offen sagte: „nur so lange die Slaven
wollen, besteht der Staat Oesterreich." Der Kampf
der Nationalitäten so wie der um Freiheit ist hier selt=
sam verwirrt. Man sagt es gedruckt und im Gespräche:
das schwächliche Ministerium wolle einen Krawall ver=
einbaren, um dann energische Maßregeln anwenden
zu können. Andrerseits ist das Gebaren der Aula
auch ein schwer verständliches.

Die radikale Presse spricht in so gereiztem Tone,
daß sie nicht auf Verständigung auszugehen scheint.
Ein Blatt, die „Konstitution" geht so weit, dem
Ministerium zuzumuthen, es hätte den Privatverein
eines Aktienschwindlers zur allgemeinen Beruhigung an
sich nehmen sollen. In demselben Blatte ist davon die
Rede, wie man „auf dem Leichname des Völkerkinder-
spieles „„Nationalität"" zuletzt siegend die Fahne des
Alles vereinenden Weltbürgerthums aufpflanzen müsse."

Schöne Sprache das und große Gedanken!

In der heutigen Reichstagssitzung stellte sich bei
der Debatte über die gestrigen Vorfälle heraus, daß
das Requisitionsschreiben, welches gestern der Kriegs=
minister erhalten hatte, anonym war. Latour be=
hauptete, ein Offizier, der dasselbe überlieferte, habe
den Namen weggeschnitten, um Niemanden zu kom=
promittiren.

Das ist eine schlimme Geschichte.

Abends sah ich im Burg=Theater das Stück „Treue
Liebe" von Eduard Devrient, worin die Intrigue haupt=
sächlich darauf beruht, daß die einen Personen immer
gerade durch diese, die andern immer gerade durch eine
andere Thüre abgehen. Sie dürfen sich ja nie be=
gegnen. Ein gewisser hausbackner herzlicher Ton,
der an Iffland erinnert, ist in diesem Stücke nicht zu
verkennen; aber das Ganze besteht mehr aus Schau=
spielerrollen, wodurch es sich auf der Bühne er=
hält. — Während der Zeit allgemeiner Erschlaffung
und der fieberischen Aufregung durch Einzelne wur=
den Theaterstücke gemacht, in denen die Handlung
von der Handlung überstürzt wird, da mußte recht viel

geschehen, piff paff immer drauf und drauf. Die
dramatische Kunst wurde ein Wettrennen mit Hin=
dernissen. Die Thatenlosigkeit im Leben suchte ihren
Ersatz und ihren Gegensatz in der verwegensten,
energischsten Anspannung der Erfindung. Durch
fünf Acte wurde Patrone auf Patrone geladen,
bis es zuletzt recht knallte und der Lauf mit in Stücke
ging. Es ist wol möglich, daß jetzt, wo Alles drau=
ßen in Agitation ist, das lyrische Stillleben auf der
Bühne in der Poesie sich aufthun mag. Gerade
jetzt, wo im allgemeinen Sturme das Einzelleben mit
seinen kleinen Schicksalen nichts gilt, kann vielleicht
die Poesie dasselbe in sich aufnehmen. In der Vertie=
fung in das Gemüth läßt sich in solch aufgeregten
Zeiten noch Neues aufschürfen. Wer könnte jetzt Effecte
erfinden, wie sie die Straße draußen als lebendige
Wirklichkeit aufweist?

In der Aufführung obigen Stückes erfreute mich be=
sonders das vortreffliche Sprechen. Declamiren kann
man überall, aber gut sprechen hörte ich noch nie so
wie hier in der Burg. Das Phrasiren der Worte,
der reine volle Wohlklang hat etwas Wohlthuendes.

Jetzt, wo unsere deutsche Sprache zum ersten Male
eigentlich echt lebendig wird, vom gedruckten und ge=
schriebenen Worte auferstebt zum lauten Klange,
jetzt wird man auch einsehen lernen, daß das gute
Sprechen in musikalischer und sprachlicher Hinsicht ein
nothwendiges Moment der Erziehung werden muß.
Die tausend Jugendstunden, die im dilettantischen
Clavierklimpern vergeudet werden, wären hierauf besser
angewendet....

Tags darauf sah ich Schönbrunn, wo jetzt der
Kaiser wohnt, von Soldaten und Bürgerwehr, hier
„Nationalgarden“ genannt, bewacht. Vom Schlosse
weht die schwarz=roth=goldene Fahne, die der Kaiser
selber aufgepflanzt; die Bäume im Garten, die sich
bis hoch hinauf von der Zaunscheere in grüne Mauern
verwandeln müssen, sind ein trauriges Abbild der alten
Rococozeit, die wol nun auch hier verschwunden ist.

Im Theater an der Wien sah ich Abends ein
neues Stück, worin der Kaiser Joseph die Hauptrolle
spielt. Der edle Mensch auf dem Throne ist darin für
ein namenlos abgeschmacktes Machwerk verwendet.
Einzelne Tagesstichworte erregten natürlich momen=

tanen Beifall. Ebenso unter aller Kritik war ein
Stück, das ich am andern Abend in dem schönen
Leopoldstädter Theater sah: „Die Freiheit in Kräh=
winkel, von Nestroy". Ligurianer, Barrikaden, Katzen=
musik, Publizisten, Metternich in höchsteigner Person,
das war zusammengewürfelt, lose an einander geheftet,
und doch war Alles voll Jubel. Scholz, der dick
gewordene Falstaff Oesterreichs ohne Witz, Nestroy
mit betäubender Rührigkeit, hielten das Ding, von
dem man nicht weiß wie man es nennen soll, mit
allen Extremen der Carricatur. Die echte Volks=
komödie, wie sie einst erstehen soll, ist hier zu einem
wahren Scheusal, zum ekelhaften Abguß aller Niedrig=
keit geworden. Es ist jammervoll, daß solches noch
bestehen kann, daß diese Komödie mit dem was man
hier weitbauschig „die Errungenschaften" nennt, ebenso
umspringt, wie früher mit latschigen Hausknechten
und all dem vermoderten Gelichter.

Auch das viel besprochene Stück „Dorf und Stadt
oder die Frau Professorin" von Charlotte Birch=
Pfeiffer sah ich hier zum ersten Male auf der Bühne
Mein Ekel an diesem Produkte verminderte sich nicht,

2*

obgleich Fräulein Neumann als Lorle und ihre Mutter, Madame Haizinger, als Bärbel so ganz ausgezeichnet ihre Rollen darstellten, daß ich selbst überrascht war von der drastischen Macht dieser Gestalten.

Nicht weit von meinem Gasthofe zeigte eine große ungarische Fahne, daß hier für Ungarn Soldaten geworben werden. Manchmal kam ein junger Bursch mit einem grünweißrothen Bande und einem Strauß auf dem Hute heraus; es war ein Neuangeworbener. An einem anderen Orte war eine „Werbung" für den italienischen Krieg. Uns, die wir von draußen kommen und an eine geordnete Militäraushebung gewöhnt sind, erschien das Verfahren hier als ein seltsamer Ueberrest aus alter Zeit. Und daneben diese verschiedenen Interessen und Beziehungen. Man sagt in der Stadt, eine mächtige Hofpartei, die sich auf einen Theil des Ministeriums stütze, warte nur zu und begünstige im Geheimen die kroatische Erhebung gegen die Ungarn. Das scheint aber kaum glaublich; wie ließe sich dann solche offene Werbung für die Ungarn denken? Wer aber hat das Maskenspiel der alten Diplomatie ausstudirt?

In der Stadt geht auch eine Werbung für einen
Feldzug im Innern vor.

Auf den Straßen machte sich ein eigenthümliches Leben
geltend. Es liegt eine gewisse naive Haltung darin, daß
man wol in keiner Stadt Deutschlands so viel schwarz-
roth-goldne Bänder und Kokarden sieht, als in Wien.
Man trägt das dreifarbige Band auf dem Rocke, über
die linke Schulter geschlungen; selbst im Reichstage er-
schienen einzelne Deputirte so geschmückt. Außerdem sieht
man fast kein Knopfloch ohne den dreifarbigen Schmuck,
und der kühn rasselnde Schleppsäbel begegnet uns auf
Schritt und Tritt. Die Volksbewaffnung ist hier eine
alltägliche Wirklichkeit geworden, nicht bloß für den
Parade- und Wachtdienst. Von zahllosen Häusern, von
den Ministerialgebäuden, flattern noch fort und fort die
schwarz-roth-goldenen Fahnen. Durch einen eigenthümlichen, halb bewußten, halb unbewußten Prozeß
ist indeß das Schwarz-Roth-Gold nicht nur ein na-
tionales Abzeichen geworden, oder vielmehr ist das weniger, sondern ein Parteiabzeichen. Die Männer des
Fortschritts, des Fortschritts in abstracto, bezeichneten
sich damit. In diesen Tagen eben versuchte es eine

andere Partei sich zu bilden und wählte sich, ohne
eigentlich freie Selbstbestimmung, sondern von Einzel=
nen dazu gebracht, die partikulare schwarz=gelbe Farbe.
Herr Böringer, der Redakteur des Blattes „die
Geißel", das an Talentlosigkeit, was gewiß viel heißen
will, die ultra=radikalen Blätter noch übertrifft, an
Gemeinheit aber so weit geht, daß selbst der reiche Schatz
der deutschen Sprache keinen Namen dafür hat, dieser
Herr Böringer hatte vor einigen Tagen an seinem
Büreau die schwarz=gelbe Fahne ausgehängt; ein
tumultuirender Volkshaufen sammelte sich und riß die
Fahne herunter. Ohne Verbindung mit Herrn Bö=
ringer, wie allgemein und ausdrücklich ausgesprochen
wurde, suchte sich nun in diesen Tagen die Partei der
Ruheliebenden, der fortwährenden Agitationen müde,
in einem geschlossenen Bunde zu sammeln. Riesenpla=
kate verkündeten täglich, daß sich ein konstitutionell=
monarchischer Verein gebildet habe, der zu allgemeinem
Beitritt aufforderte. Ohne ein eigentliches Programm
zu geben und ohne von den Eintretenden das Einhalten
einer bestimmten Richtung zu verlangen, schien es nur
darum zu thun, eine recht imposante Mitgliederzahl

zusammen zu bringen. Man sprach bereits von mehr
als 30,000, die sich Mitgliedskarten im Landhause ge=
holt hatten und sich dort in die Listen einzeichneten,
ohne daß die Meisten eigentlich wußten, um was es
sich handle; es war nur das dunkle Gefühl, daß es
gegen die Radikalen ginge. Aus solcher vorherrschend
negativen Uebereinstimmung läßt sich schwerlich eine
feste Gestaltung erwarten. Es mochten wol auch
viele Besonnene darunter sein, die in dem Vereine einen
Hort für planmäßige Entwickelung hofften, aber es
schien auch hier wie anderwärts zu gehen, das praktisch
gesetzte Bürgerthum konnte gegen das idealistische
Aufschäumen zu keinem festen, sich selbst getreuen Halt
gelangen; es ließ sich hinüberdrängen nach jener phi=
listerhaften Ruhesucht um jeden Preis.

Jn vielen Städten regt sich jetzt das Bewußtsein,
daß die kund gegebene politische Stimmung nicht die
der wirklichen Bürgerschaft sei, sondern von einer kleinen
Zahl rühriger Wortführer ausgehe und gemacht werde.

Wem es um Wahrheit, um die volle, wenn auch
betrübende Wahrheit zu thun ist, der müßte die neue
Thatsache mit ernster Betrachtung hinnehmen, und

entspräche sie auch nicht den persönlich gewünschten
Consequenzen, die Thatsache doch als einen Fortschritt
erkennen.

Leider aber drängen sich auch hier einige wortfertige
Doctrinäre und Ehrgeizige an die Spitze, die Zahl der
Theilnehmer rekrutirt sich aus jenen „ewig Lächeln=
den", die mit ihrem Besitze oder ihren Aemtern sich
begnügend, sich der neuen Loyalität der gegebenen Ver=
hältnisse nur anbequemen.

So werden wir überall noch viele Wandlungen
und Täuschungen durchmachen müssen, bis sich die
wirkliche und selbständige Stimmung des Bürger=
thums herausarbeitet.

Hier in Wien kam bald ein äußerliches Zeichen
hinzu, das die politische Farbe des Vereins zu ver=
drängen schien.

Viele Mitglieder des neuen Vereins hatten sich, im
Gegensatze zu den bisherigen Abzeichen, mit schwarz=
gelben Bändern versehen, und es gehörte in der That
Muth dazu, solche öffentlich zu tragen. Ich war Zeuge
mehrer Szenen auf dem Graben und am Kohlmarkt
wo sich Bandgewölbe befinden. Große Menschen=

gruppen hatten sich vor den Kaufläden gesammelt und
so oft einer herauskam mit dem schwarz=gelben Bande,
ging ein großes Halloh an. Mit Spott und Hohn
wurde der Schwarz=gelbe überschüttet und mehrmals
kam es zu handgreiflichen Thätlichkeiten, wobei indeß die
Municipalgardisten, schöne Männer mit anständigen
Manieren, beschwichtigend eintraten.

In diesen Tagen war nun in den Blättern, in
Plakaten, in den hundertfältigen Gesprächen auf der
Straße und in den Kaffeehäusern viel heraldisches
Gerede über Ursprung und Bedeutung der schwarz=
gelben Farben. Man sprach sogar davon, daß man
einen schwarz=gelben Zug nach Schönbrunn veran=
stalten wollte, daß aber der Kaiser sich solches verbeten
habe mit dem Bedeuten, daß er ja selber die deutsche
Fahne mit eigener Hand auf seinem Schlosse auf=
gepflanzt.

Ich horchte da und dort hin, ob denn diejenigen,
die die deutschen Farben trugen, einen unbedingten
und festen Anschluß Deutsch=Oesterreichs an Deutsch=
land anstrebten und umgekehrt, aber ich fand nirgends
den Muth und die Kraft der Klarheit, daß man es

wagte, bem einmal Erkannten burch seine nothwen=
bigen Consequenzen nachzugehen. Auf beiden Seiten
gab es Wenn und Aber. Ergöblich war mir der Aus=
spruch eines wohlhäbigen bicken Pfahlbürgers, der in
einem Kaffeehause zu seinem Nachbar sagte: „ob ich ein
Deutscher bin, das brauch' ich nicht erst zu sagen, so
wenig als ich zu sagen brauche, baß ich ein Mensch
bin. Ich bin als Deutscher geboren und erzogen und
verstehe weiter nichts als Deutsch, aber ich bin doch
ein Oesterreicher, ja das bin ich." O göttliche
Logik, störe mir den Mann nicht in seinem süßen
Halbschlafe.

Es müssen andere Geister, gewaltige Ereignisse
kommen, um das hart verknotete österreichische Räthsel
zu lösen. Schickt dieses Deutsch=Oesterreich seine
Deputirten nach Frankfurt und jetzt soll es sich noch
fragen, ob es unzertrennlich zu Deutschland gehört.
Hat dieses Oesterreich in der ganzen vergangenen
Schmachperiode uns durch seinen Metternich geknechtet
und jetzt soll es sich noch gar herausstellen, baß wir
vom Auslande unterjocht waren!

den 19. Septbr.

Bei regnerischem Wetter, das aber doch Aussicht
auf baldiges Aufhellen gewährte, zog am Morgen eine
ungarische Deputation in Wien ein. Sie hatte ein
geringes Geleite, das sie am Landungsplatze empfing
und nun durch die Straßen führte. Sie wollen dem
Reichstag unmittelbar ihre Verhältnisse darlegen, da
das Ministerium mit Jelachich gegen sie kabalirt.

Ich reiste an diesem Tage mit einigen Freunden
nach Baden. Auf dem Bahnhofe hatte ich mir ein
ganzes Pack der verschiedenen Zeitungen gekauft.
Immer deutlicher wurde es mir, daß hier eine Sprache
geführt wird, die weder von der Bildung ausgeht noch
auf solche abzielt. Verräther, Schurke, Vettel, Me=
phistopheles, das sind ganz gewöhnliche Ausdrücke
gegen mißliebige öffentliche Persönlichkeiten. Wie soll
da noch eine anständige auf klare Beweisführung ge=
stützte Erörterung daneben Platz greifen? Das sind
nun die Blätter, die für ein Volk geschrieben sind, das
noch vor wenigen Monaten von Spitzeln umgeben
war, das ein himmelschreiendes Militärwesen, ein
verrottetes Beamtenthum, ein verkommenes Schul-

wefen, kurz Alles noch aus den alten Zuständen
hat.

Die Zeit der „schönen Sprache," des „eleganten
Styls" und der „pikanten Schreibart" ist dahin.
Die ganze geistreichisirende Literatur mit dem feinge=
drechselten putzig zierlichen literarischen Nippsächelchen
ist über den Haufen geworfen. Die Vergötterung
des Virtuosenthums ist auch hierin zu Ende. Eine
Zeit liegt hinter uns, die immer Anläufe nahm und
zu nichts Thatsächlichem gelangte. Diese Anläufe
bildeten sich am Ende zu einer Art geistiger Turnkunst
aus. Nie war die Verehrung des Geistreichen, der
Façonirung der Gedanken größer als in der eben
abgelaufenen Periode.

Wie in der jetzt beginnenden Bethätigung der
Charakter eines Menschen zuletzt als das wesentlich
Gültige und Haltbare sich ergeben muß, so wird auch
in der Literatur die einfache Kraft des Gedankens
entscheidend werden müssen. Man könnte sagen: es
wird jetzt und fortan immer mehr der Gedankengehalt
gewogen und die Façon gering veranschlagt. Das
darf uns aber nicht zu einer Barbarei bringen, zu

einem geschmacklosen Poltern, in dem wir der edelsten
Errungenschaften der Bildung und der Kunst verlustig
gehen und wo der Meister ist, wer die saftigsten Kraft=
worte aufzutrumpfen vermag. Der echte Gehalt be=
dingt nothwendig die echten Formen der wahren Kunst,
und Rundung und Begründung des Ausgesprochenen
bringt zu jenem Ebenmaaße in Gehalt und Gestalt, in
welchem mit der Dauer auch die Sicherheit der Wirk=
samkeit liegt.

Die erste Feststellung der freien Presse hat wie
natürlich rohe und ungeschlachte Stimmen laut werden
lassen. Das mußte so sein. Wirkung! momentane
Wirkung war der einzige Zweck. Was galt da die
Form? Jetzt wird es bald anders kommen. Nur
der feste aber bemessene Ton hält lange aus und wirkt
lange noch. —

In der Wiener ultra=radikalen Journalistik blähen
sich die Gesinnungskorporale auf; Schimpfen und noch=
mals Schimpfen, aber dabei ohne irgend ein hervor=
stechendes Talent, ja ohne nur ordentlich schreiben zu
können, das ist Alles. Herr Tausenau, der noch
für einen der Befähigtsten gilt, hat da im Radikalen

einen Artikel über Weſſenberg geſchrieben, der an
Cynismus ſeines Gleichen ſucht. Auch Studenten
geben ein Blatt heraus und räſonniren ins Blaue
hinein. Man muß offen gegen dieſe Verkehrtheit
des Zeitungsſtudententhums auftreten. Die Stu=
dienzeit iſt die Zeit des Lernens und Gährens und
es iſt nicht gut für den Leſenden, noch viel weniger
aber für den Schreibenden, wenn ſolche halbverwor=
rene geſtern aufgeſchnappte Gedanken gleich unbe=
ſehen zur Oeffentlichkeit kommen. Und was ſollen
denn dieſe jungen Leute Neues thun, wenn ſie
Männer geworden, da ſie ſchon jetzt öffentlich das
große Wort führen?

Das Blatt „die Preſſe" ſcheint an phraſenreichem
Doktrinarismus zu leiden.

Es iſt gut und nöthig, daß Kuranda und Bo=
denſtedt daran gehen, in Oeſterreich eine männlich=
offene und beſonnene Publiziſtik zu gründen. . . .

Die Herbſttage waren ſo hell, ich machte mich auf
nach dem grünen Steiermark. Ich erzähle von meinen
Reiſeerlebniſſen nur das, was zur Charakteriſtik der Zeit
gehört. Ich kam zufällig in mehrere Kreiſe der geflüch=

teten Aristokratie; denn das Landleben war diesmal
mehr eine Flucht als eine Erholung. In der Geldari=
stokratie fand ich die häßlichste Abgeschwemmtheit der
Genußsucht. Neuer Sinnenreiz und immer gleich stark,
das ist hier die Losung, aber nur keine Unruhe, keine
Angst, kein Aufgebot der Kraft zur Erhaltung des Seins.
Ich hörte hier den hohen Orakelspruch des Prophe=
ten Nestroy wieder: „Ich soll was für die Nachwelt
thun? was hat denn die Nachwelt für mich gethan?"
Bei der Jugend in diesen Kreisen fand ich ein maul=
fertiges Lästern gegen die Unruhstifter, ein Bangen
und Verlangen nach dem ungestörten Genusse. Ein
21jähriger junger Bursch, dessen ganzes Tagewerk in
Essen und Trinken, Reiten und Fahren u. s. w. besteht,
sehnte sich mit all seinem Gelde nach Amerika. Dort
allein sei ja Ruhe. Die ganze Kraft, das ganze
Talent dieser Stallbuben in Glaceehandschuhen besteht
im Erben; auch die Freiheit möchten sie erben, wie
das Geld ihrer Väter. Erwägt man diese Fäulniß
der durch Reichthum mit einem Bildungsfirniß Ueber=
zogenen, so erkennt man aufs Neue die geschichtliche
Nothwendigkeit, daß neue Schichten des Volksthums

fich aufthun müffen, um biefe öbe Nichtswürbigkeit zu
vertilgen. — Nicht minber erbärmlich fanb ich bas
Wefen ber Abelsariftokratie, bie fich ba unb bort in
vereinzelte Lanbhäufer, in kleine Stäbtchen unb Dör=
fer zurückgezogen, ober vielmehr geflüchtet hatte.
Ueberall ber blaffe Schrecken, ber fich burch kein vir=
tuofes Klavierfpielen verfcheuchen ließ. Man fuchte
zu lachen, zu fcherzen, Parthien zu arrangiren, aber
bie echte Luft fehlte. Man zitterte um feinen Befitz,
um feine bevorzugte Stellung. Es wurbe eifrig bar=
über verhanbelt, was man aus ben jüngeren Söhnen
machen folle, ba ihnen bie fonft fo ficheren Stellen
im Heere, am Hofe unb in ber Bureaukratie jetzt in
Frage geftellt waren. In ber Gegenb bes Sömme=
ring, wo bie großen Erbarbeiten Taufenbe von Ar=
beitern anhäuften, war bie Furcht noch eine gefpannte.
Ich befprach mich mit fehr vielen biefer Arbeiter unb
fanb in ihnen im Ganzen, abgefehen von einzelnen
wüften Gefellen, emfige, gutmüthige Menfchen ohne
Falfch unb Arglift. Freilich galt ich bei Vielen für
einen Stubenten unb bas war ein Geleitbrief in bas
innerfte Vertrauen. Als charakteriftifch mag verzeichnet

werben, daß eine Baronin von höchst unbedeutender
Geistesbildung, die umgeben von ihren beiden Töchter=
chen in der Nähe wohnte, während ihr Mann bei
Radetzki in Italien im Felde stand, sich zu ihrem
Schutze einen hübschen Studenten ins Haus nahm.
Dieser Student war noch dazu, wie allgemein bekannt,
der Sohn des katholischen Pfarrers S. auf einem be=
nachbarten Dorfe. Es war nun gar seltsam anzu=
schauen, wie sie mit ihrer Sauve=garde zu Fuß und zu
Wagen Besuche und Ausflüge in der Umgegend machte.
Der Student mit seinem altdeutschen Waffenrocke, den
Kalabreser mit wallender Feder auf dem blonden Locken=
haupte, das schwarz=roth=goldene Band über der Brust
und den Schleppsäbel um die Hüfte geschnallt, das war
die Sicherheitswache. — Eine besonders anziehende Er=
scheinung war die Gräfin A., die auf einem einsamen
Gute wohnend, sich jetzt damit beschäftigt, Memoiren
aus dem Hofleben zu schreiben, worin sich unter an=
derem Bedeutsamen zeigen wird, wie listigfein Metter=
nich mit seinen Ligurianern auch das Privatleben und
besonders die Erziehung und Verheirathung der Töch=
ter aus den höheren Ständen in der Hand hielt. Die

Auerbachs Tagebuch.   3

Einkünfte der Gräfin sind durch ihre in Ungarn gele=
genen Güter jetzt völlig in Frage gestellt und diese
außergewöhnliche Erscheinung, die der Kaiserin Maria
Theresia auffallend ähnelt, ausgestattet mit allen Ver=
feinerungen der höhern Bildung, in allen lebenden
Sprachen meisterhaft singend, vortrefflich in Oel ma=
lend, mit den Erzeugnissen der Literatur vertraut, ist
jetzt auf den Punkt gestellt und gerne dazu bereit, sich
den Lebensunterhalt durch Arbeit zu verdienen. Die
ausgeführte Darstellung eines solchen Verhältnisses,
wo auf der einen Seite die einen heruntersteigen müs=
sen von der Höhe des verfeinerten Genusses, während
auf der andern bis jetzt niedergehaltene Schichten
neuen Besitzes und neuer freier Bewegung theilhaftig
werden, Alles das in lebendigen Gestalten vorgeführt,
könnte uns einen Tiefblick in das innerste Auf= und
Abwogen des Zeitlebens eröffnen....

Nun ging's nach dem grünen Steiermark. Wie
oft drängte es mich, am Herzen des Volkes zu
lauschen, wie die plötzliche Wandlung der Dinge seit
dem Frühling in ihm pocht und was sie da erregen
macht. Aus der Tiefe des Geistes wie aus der Ge=

bunbenheit in kleinen Verhältnissen müßte da er-
gründet werben, was in ben schlichten Gemüthern
vorging, bie kaum ahnten ben Zusammenhang und
ben Druck ber auf uns Allen lastete, und wie sich das
in bas umfriebete und eingehegte Kleinleben einfugte.
Das mag eine Wanblung gewesen sein wie einst in
alten Tagen, da Senbboten einer neuen Heilslehre
überall hinbrangen. Die geistige und politische Erlösung kann aber nicht gegeben sonbern nur errungen
werben. Wir Alle, bie wir uns seit Jahren einlebten
in bie Seele bes Volkes, sein unverwüstliches Herz,
bessen Wünsche und Hoffnungen Worte liehen und
Mahnrufe ergehen ließen bie ungehört nach oben
verklungen sinb — bie Schnellkraft und Thatkraft bes
Volksgeistes scheint boch noch gewaltiger zu sein, als
wir ahnten. Es ist nicht Abtrünnigkeit von früheren
Grunbsätzen, wenn wir jetzt weiter gehen, mehr forbern
als ehebem.

So lange man auf friebliche Entwickelung bauen
konnte, stellten sich bie Folgerungen ber Wünsche
anbers. Jetzt ist ber Bruch geschehen, bie Aenberung
ber Dinge ist aus ber Revolution hervorgegangen.

3*

Es wäre eitel Pedantrei und Steifen auf vergangene Weisheit, wenn man aus Furcht vor sogenannter In= konsequenz jetzt bei dem bliebe, was man ehedem als friedliches Lösegeld zu fordern hatte. Niemand hat das Programm der Geschichte in der Tasche, das sich nur so nach vorgesehenen Forderungen abspielt. Jeder Tag ist ein neuer Schöpfungstag. . . .

In den Städten ist das Verständniß der allge= meinen Interessen näher gerückt. Der Bauer aber fragt gleich bei allem: was bringt es mir? Schon die Vereinzelung in einsame Gehöfte und kleine Ge= meindeverbände beschränkt den Gemeinsinn und den geistigen Horizont, und doch ist das immer steigende Anwachsen großer Städte zugleich auch der Fluch der modernen Civilisation, sie vereinzeln das Indivi= duum noch weit mehr und bringen jene schauderhaften Zustände, die wir bis jetzt vergebens zu heilen trachten.

Ich fragte einen sonst verständigen Bauern, mit dem ich eine Strecke ging, was er vom Reichstage denke, der vor Allem für die Bauern gesorgt habe. „Schaun's, wir haben kan Robot nit g'habt, uns geht das nichts an", antwortete er.

Das war ein Bleigewicht gegen jeden ideellen
Aufschwung. — Es scheint, daß noch gewaltige Er=
schütterungen kommen müssen, die selbst in die ent=
legensten Dörfer bringen, um zum Verständniß der
neuen Zeit zu erwecken.

Es darf nicht vergessen werden, daß Eigennutz
und Habsucht, die sich bekanntlich bei dem Bauern
überall so vorherrschend finden, ihren fast nothwen=
digen Ursprung in seiner Stellung haben. Vorerst
ist auf dem Lande alle Geltung wesentlich vom Besitze
abhängig, und sodann ist der Verkommende auf dem
Dorfe für seine ganze Lebenszeit verloren, es gibt
hier nicht wie in der Stadt neue Berufe, über=
raschende Schicksalswendungen durch ein plötzliches
großes Gelingen; der Erwerb ist ein kleiner und
stetiger. Daher jenes zähe knickerige Zusammenhalten
des bedachtsamen Bauern.

Das ideelle Erfassen des neuen Menschen= und
Bürgerthums wird sich beim Bauern wesentlich im
Gefolge materieller Vortheile einfinden.

Ein souveräner Politiker würde kurzweg sagen:
die Masse des Volkes wird immer und ewig geleitet

und zu ihrem Guten gezwungen werden müssen; die Entscheidung über die Gestaltung neuer Zustände macht sich stets in höheren Geistesregionen. Ich glaube, daß dieses Verfahren kein ewiges ist.

Bemerkenswerth ist noch der Ausspruch eines andern Bauern, mit dem ich einen ganzen Mittag ging. Als auf die Studenten die Rede kam, nannte er sie „unversuchte Menschen" und er sagte: nur der dürfe eigentlich in der Welt mit drein reden, der verheirathet sei und ein eigen Hauswesen habe.

Keine Einwendung fruchtete etwas.

In dem lieblichen Gratz wie in kleinen gewerb= reichen Städten fand ich in Versammlungen und Pri= vatgesprächen einen gewissen sorglosen Enthusiasmus für Deutschland, ohne daß man sich das Verhältniß zu demselben bestimmt klar machte. Es ging damit bei Vielen wie mit dem transscendenten Jenseits, bei dem man sich nicht gern nach dem Wie fragt. Hier aber ist das Wie die Hauptsache. Die Demokratie, die hier auch keine recht compakte Gestalt hat, ist viel= fach kosmopolitisch. In Gratz besteht ein deutscher Verein neben dem demokratischen.

Abgesehen von Handel und Gewerbe und den hundertfachen hier einschlägigen Lebensbeziehungen gibt es noch ein Moment, das so zu sagen die große Politik nicht ins Auge faßt, das aber von Bedeutung ist zur richtigen Würdigung der Stimmung und Haltung. Auch in heterogenen Länder-Bestandtheilen, wenn sie lange zu einer äußern Einheit verbunden sind, stellt sich allmälig eine gewisse intime Beziehung heraus. Da ist die Tochter eines Kaufmanns, sie ist an einen kroatischen Offizier verheirathet, dort die Frau eines Arztes, sie ist eine Ungarin, jener Alte, der schon das dritte Geschlecht um sich sieht, ist ein Czeche u. s. w. u. s. w. Diese Verhältnisse bilden gleichsam das feine Gewebe zu einem neuen Organismus. Nur eine große mächtige Bewegung, die unbekümmert um Einzelschicksale und Stimmungen mit unerbittlicher Gewalt sich geltend machte, könnte die natürliche Scheidung des nicht Zusammengehörigen scharf und entschieden nach großem Maßstabe bewirken. Soll dieß aber auf friedlichem Wege, aus innerm Entschlusse geschehen, so äußern die angedeuteten Beziehungen ihre unberechenbare zähe Macht.

Ich weiß wohl, daß es noch viele andere umfassendere Verhältnisse gibt, die den Wiener, den Steyrer u. s. w. weit mehr von dem Rumänen ꝛc. wissen lassen als von dem Franken, Schwaben; aber ich wollte hier nur eine Beziehung andeuten, die sich nicht auf der Landkarte markirt.

Man irrt sich ganz gewaltig, wenn man glaubt, daß durch die Wahl des Erzherzogs Johann zum deutschen Reichsverweser die österreichischen Sympathien erobert seien. Der Hof hat bekanntlich wenig Zusammenhang mit dem isolirten Prinzen erhalten und wenn nicht Wien die Hauptstadt Deutschlands wird, ist es dem Volke gleichgültig, ob da draußen in Deutschland ein österreichischer oder ein fremder Prinz sitzt. Er rächt sich jetzt am Erzherzog Johann, daß er während der langen Schmachperiode des Vaterlandes in grollender Zurückgezogenheit eine einsame Rolle gespielt, statt der offene Kämpe und der starke Hort für alle Freiheitsbestrebungen zu sein. Hier in Steiermark hört man viel von ihm sprechen und Alles zeigt, daß er ein gottesfürchtiger Bergmann, ein lecker Gemsjäger und sonst überhaupt immer ein leutseliger Herr

gewesen, mit dem sich's traulich verkehren ließ; Alles
das aber zieht keine Länder nach sich...

Ich übergehe die mancherlei Einblicke, die ich in
Natur = und Menschenleben in Steiermark that. Nur
das sei noch kurz erwähnt, daß die Volksschule sich
in jeder Beziehung in so jammervollem Zustande be=
findet, daß eine durchgreifende Reform nöthig. Oester=
reich scheint auch hierin die traurigen Nachwirkungen
des alten Systems nicht so rasch überwinden zu können,
denn es fehlt auch hier wie in anderen Dingen an den
Persönlichkeiten. Der Mangel tüchtiger Volksschullehrer
ist auffällig. — In den felsigen Gebirgsgegenden trifft
man auf die schauderhafte Degeneration des Kretinis=
mus. Wenn wir zur positiven Organisation gelangen,
wo sich nicht mehr blos der Kampf gegen die Unterdrük=
ker, sondern die Liebe zu den Unterdrückten thatsächlich
zu bewähren haben wird, müssen vor Allem vorsorgliche
Anstalten zum bessern physischen Behaben des Volkes
getroffen werden. Da wird das Maulheldenthum zu Ende
sein und die wirklich liebevolle Hingebung sich bekunden.

Es gibt weit mehr Menschen, die die Fürsten
hassen als das Volk lieben.

Ich traf überall eine große Aufregung, hervor-
gebracht durch die Geistlichen, die gegen den Reichstag agitirten, weil er die Religion stürzen wolle.
Bis jetzt ist ja bekanntlich die Religion oder vielmehr das Kirchenthum das einzige Ideelle, für
das der Bauer aufzuregen ist. Petitionen mit Tau-
senden von Unterschriften cirkulirten zur Erhaltung
der Klöster u. s. w. Die Geistlichen sind zur Zeit
noch die Einzigen, die mit dem Landvolke in persönlicher Beziehung stehen (einzelne Aerzte kommen nur
wenig in Betracht). Die Geistlichen vermitteln dem
Landvolke die Kunde von den Zeitereignissen, die
Presse kann noch nicht durchdringen. Ich traf ganze
Dörfer wo Niemand eine Zeitung hält als bloß der
Pfarrer. Auch wird der Presse nie das gelingen, was
dem persönlichen Wort und Umgang. Es gehört
schon viel dazu, daß ein Bauer dem Pfarrer mißtraut
und noch viel mehr daß er es wage, dieses Mißtrauen
durch Unfolgsamkeit bei Bittschriften, die von der
Kanzel bevorwortet sind, kund zu geben. Außerdem
ist bisheran in Oesterreich von einer freien ländlichen
Gemeindeverfassung kaum eine Spur.

Als Beispiel von wissenschaftlicher Stufe und Be=
strebung eines Geistlichen hier Folgendes. Ich traf
auf meiner Fußreise bei Gambs im Walde einen
freundlich aussehenden, bequem gekleideten Mann mit
grauen Haaren, der die Jagdbüchse über der Schulter
trug; die steifen Rohrstiefel, die den Trägern in
Oesterreich den Namen Postillone Gottes geben, ließen
den Geistlichen bald erkennen und er gab sich auch als
Pfarrer von Gambs kund. Wir gingen eine gute
Strecke mit einander, das Gespräch kam von selbst auf
religiöse Gegenstände und der Pfarrer sagte: „Ja,
die Herren von der Freiheit wollen jetzt über den
großen Gott hinaus, aber der große Gott ist noch viel
größer als sie; es kommt eben alles Unglück von der
Religionsphilosophie." Ich fragte, was er damit
meine und er sagte: „Die Religionsphilisophie ist
von dem Rousseau in Frankreich; dem haben seine
Leute einmal gesagt, wir haben keine Trommeln
mehr und da hat er ihnen gesagt: zieht den Men=
schen die Haut ab und macht Trommeln daraus.
Das ist die Religionsphilosophie und die stammt von
dem Rousseau, der anno 5 gestorben ist." Alle

meine Einwendungen waren vergebens, der Pfar=
rer behauptete immer, er habe es selbst gelesen in
einem Buche im Kloster, das heiße eben Religions=
philosophie. Das wat wahrscheinlich ein jesuitisches
Compendium. Der Pfarrer begleitete mich bis gegen
Eschau. Dort in der „Keusche", so nennt man hier
ein Wirthshaus, sagte er, werde ich eine lustige Ge=
sellschaft treffen, es seien die Holzmesser, die den
Abschluß ihres Geschäftes feierten. Ich fand in der
That großen Halloh in der Wirthsstube. Die Wald=
gänger und Holzmesser hatten ein Scheibenschießen
gefeiert und tranken jetzt lustig. Besonders auffallend
war ein schöner breitbrustiger Mann mit grünem Hut
und Gemsbart, eng anliegendem grauen Rock und
grauen Knie=Gamaschen, der konnte des Trinkens
nicht genug bekommen. So oft die Anderen weggehen
wollten, hieß er immer wieder frische Flaschen bringen
und sang verworrene Lieder, er konnte keines ganz.
Sie nannten ihn bei einem czechischen Namen. Gegen
mich that er auch besonders freundlich und sagte im=
mer: Sie sind ein großer Herr. Trotzdem ichs im=
mer verneinte, sagte er, er wisse mit großen Herren

umzugehen und raunte mir ins Ohr, man müsse da nur durch die Finger sehen, er wisse schon wie man das mache. Ein kleiner Schreiber, der mit bei der Gesellschaft war, kam mit einem Sattler in Händel, weil der Sattler von Preßfreiheit gesprochen hatte und der Schreiber behauptete, der Sattler verstünde nichts davon. Alles schlug sich auf Seite des Schreibers. Jetzt forderte der stattliche Waldgänger einen Andern Schmächtigen auf, mit ihm im Spaße zu raufen. Dies geschah und nach langem mächtigen Ringen warf der Schmächtige den Stattlichen zu Boden. Er schlug nun mächtig um sich, bis man wieder aufstand. Nun verlangte er nochmals die Probe, es wurde ihm will= fährt, und wie das so geht, aus dem Spaße wurde Ernst und sie schlugen mit aller Kraft aufeinander. Der Stattliche hatte gewonnen. Alles lief abweh= rend hinzu und schrie „das ist der verfluchte Böh= me." Der Stattliche war in der That ein Czeche und sein Gegner schlug ihm das ganze Gesicht blutig. Er setzte sich fluchend hinter den Tisch und Alles schrie: „das sein halt die ungetreuen Böhmen". Ein schöner junger Bauer, ein wahrer Antinous an Gestalt, kam

auf mich zu und sagte: „das ist nichts, man soll kei=
nem sein Volk vorwerfen, es gibt unter allen Völkern
Gute und Schlechte". Wir tranken mit einander.
Ich hörte aber auch hier wieder, was ich in diesen
Tagen schon mehrmals erlauscht hatte: die alte Met=
ternich'sche Regierung hatte die Czechen in allen Aem=
tern bevorzugt, weil sie sich zu Allem gebrauchen lie=
ßen. Wenn ein Czeche und ein Deutscher mit ganz
gleichen Bedingungen sich um ein Amt bewarben, so
konnte man sicher sein, daß der Czeche es erhielt. So
hörte ich noch vor wenigen Tagen mehrere beim Berg=
bau Beschäftigte über einen Vorgesetzten sprechen, den
sie nur den Herr Swornost nannten. Der eine sagte:
man müsse ihn bei der Erle an sein Amtsgebäude
aufhängen, worauf ein Anderer erwiderte: von den
Erlen rutsche der Strick leicht ab, er wisse dagegen
einen guten Eichbaum, der festhalte. Alles stimmte
lachend bei. Wie folgentraurig ist es, daß das alte
österreichische System nicht nur mit den Bajonetten
des einen Landes das andere unterdrückte, sondern
auch mit den Bediensteten aus dem einen Stamme
den andern unter Bann und geheimem Druck hielt.

Der Czeche gab auch hier noch keine Ruhe, bis sich endlich der Wirth an ihn machte und ihn mit einer tüchtigen Tracht Prügel zur Thüre hinauswarf. Er schrie draußen an die Thüre hämmernd nach seiner Flinte, aber diese wurde ihm nicht gegeben, man warf ihm nur den Hut nach. Als endlich Ruhe hergestellt war, holte mir mein junger Freund, der als der beste Jodler bekannt war, (was man hier Wollaßen nennt) noch einen Gefährten, den Wegknecht, der auf der Straße die Steine klopft, und nun begann er jenen wunder= samen Gesang, der sich ohne Worte über alle Höhen und durch alle Gründe der Empfindung hindurchzieht. Die Mägde kamen herbei und auch sie wollaßten.

Nun war es herrlich. Bald zwei=, bald drei=, bald fünfstimmig hielten sie den vielverschlungenen Gesang an und unverſehens sprang das eine und das andere in eine neue Tonart über und auf einen Wink mit den Augen trat ein anderes für ihn ein.

Mitten unter Menschen, im Zusammenhange des Dorflebens, bleibt der Volksgesang immer an bestimmte Worte gebunden, es bleiben bestimmte menschliche Be= ziehungen, und nur wie eine abschließende Instrumen=

talbegleitung schließt sich oft ein wortloser Refrain an.
Droben aber auf der fernen Alm, wo die Sennerin
Tage und Wochen verbringt, ohne des Wortes, der
Verständigung mit einem Menschen zu bedürfen, da sitzt
die Sennerin oft sinnend und träumend, weit ab liegt
das Wort, drunten im Thale, und ein Gesang erhebt
sich gleich dem des Vogels, so ungebunden, so in sich
selbst genügend, die reine Luft! Das Menschenkind ist
wieder zurückgekehrt in die wortlose Natur.

Wie herrlich klangen diese Töne hier, wo kaum
der wüste Lärm verstummt war.

O, du unverwüstliches deutsches Herz! Du wirst
wie Arion dein Lied hinwegtragen über Sturmes
Gebraus, bis das Ufer des Friedens wieder erreicht ist.

den 6. Oktober.

Ich machte mich auf, um nach Wien zurückzukehren.
Der Weg ging der Donau zu, das Dampfschiff zu erreichen. An mehreren Orten, wo ich einkehrte, waren
große Versammlungen in den Wirthshäusern. Es
handelte sich um Verlegung des Amtssitzes. Jetzt
waren die allgemeinen politischen Prinzipien zurückge-

treten, und in dieser kleinen Organisation kamen schon ganz andere Interessen zu Tage. Da wollte ein Wirth sein Gasthaus, dort ein reicher Kaufmann seine stattliche Wohnung als Amthaus verkaufen und die Gründe, die ich an verschiedenen Orten für die Residenzberechtigung hörte, waren gar ergötzlich. `

Ich übernachtete in Scheibs. Wie seltsam ist doch die Organisation der Welt. Dort in der großen Hauptstadt wird der ganze bisherige Stand der Dinge umgestellt, das ganze Dasein scheint aus den Fugen getreten, von einem einzigen mächtigen Affect beherrscht und — hier draußen geht Alles seinen ruhigen Gang wie gestern so heute und morgen. Der Bergmann steigt in den Schacht, der Holzknecht fällt im einsamen Walde die mächtigen Stämme, der Hirte treibt die Heerde in das Stoppelfeld, der Winzer schneidet die Traube. Ein Volk, die Menschheit gleicht einem großen Organismus, fast wie der Körper eines Einzelmenschen; während ein einziger großer Affekt dich ergriffen und du ganz in ihm bist, gehen die Funktionen deines Lebens von selber ihren Gang, das steigt auf und ab und erhält dich ohne daß du es weißt und willst. Es ist je

Auerbachs Tagebuch.   4

nach dem Standpunkte demüthigend oder erhebend
(beides ist eigentlich gleich, nur die Aeußerung des all=
gemeinen Gedankens ist verschieden) die eigentliche Er=
haltung, das Bestehen unseres Seins ist vom Einzel=
Willen unabhängig.

Eine ganze Nation zu ein und derselben Zeit auf
dasselbe Ziel lossteuernd, wer führte sie wieder in die
tausend kleinen Wege, die ein jedes für sich zu gehen
hat? Die Ureinwohner von Nordamerika hatten den
Glauben, die Erde sei eine im Aether schwebende
Tellerfläche und ihre Weisen sagten, darum müßten
die Einzelnen verschiedene Wege gehen, damit das
Gleichgewicht erhalten werde und die Erde nicht über=
schnappe. Würde die Welt in der That überschnappen,
wenn die Menschheit Eines Sinnes sich zu Einer
Thätigkeit sammelnd plötzlich zur selben Zeit nach ein
und demselben Ziele hinrennte?

ben 7. Oktober.

Ich bekam kein anderes Fuhrwerk und mußte
Extrapost nehmen. Wie wohlig rollte sich's nach
längerer Fußreise im offenen Wagen durch den leisen

Morgennebel dahin   Und als jetzt die Sonne mäh=
lig heraufstieg, der Horizont sich erweiterte, nicht mehr
eingeengt von den felszackigen Bergen des Steierlands
und als der Postillon seine fröhlichen Ländler hinein
erschallen ließ in den frischen Herbstmorgen, überkam
mich zum ersten Mal seit langer langer Zeit ein freudiges
Wohlgefühl, neue poetische Gestalten stiegen vor mir
auf, wie aus dem jungen Tag geboren. Ich ließ sie
vor mir spielen und suchte sie nicht in der Schreibtafel
festzuhalten. Ein Stück alter Romantik hatte sich wie
ein heller Thau herniedergesenkt auf die erschütterte fie=
berisch zitternde Welt. — Gegen Mittag war das Dampf=
schiff erreicht und nun ging's stromab im herrlichen
Sonnenschein, in dem die Städte, Waldberge und Bur=
gen am Ufer erglänzten. Ich traf den Reichstags=
deputirten Paur aus Neiße auf dem Dampfschiff.
Auch dieser Mann des konsequentesten philosophischen
Freimuthes, der vom protestantischen Metternich Eich=
horn so peinlich gequält und verfolgt war, gehört nicht
zu der äußersten Linken, sondern zur staatsmännisch
besonnenen Partei Heinrich Simon's. Durch Gespräche
über die schmählichen Frankfurter Septembertage stand

4 *

ich nun plötzlich wieder mitten inne in dem rathlosen Wirrwarr unserer Tage.

Wir leben jetzt Alle geistig so zu sagen von der Hand in den Mund, wir wissen, was wir heute haben und nicht was morgen; die That an Auerswald und Lichnowski, der in seinen Reden von Reitgerten gesprochen, läßt fast befürchten, daß der Bildung die Zügel aus der Hand genommen und Alles dem dunkeln Instinkte der Massen anheimgestellt ist. Wenn Deutschland, wenn unsere Civilisation dem Untergange entgegen geht, oder nur aus Blut und Mord sich rettet, so sind nicht die sogenannten Wühler von heute die Grundursache davon, sondern mit Einem Worte — die Fürsten. Durch länger als ein Menschenalter haben sie die Besten im Vaterlande gezwungen, das Gesetz zu untergraben und zur Auflehnung gegen dasselbe zu reizen; darum wird es jetzt so unsäglich schwer, eine Achtung vor dem Gesetze wieder in den Gemüthern aufzuerbauen.

Wir sehen es heute, wie leicht es ist, die drei großen Reichsversammlungen in Deutschland durch allerlei Aufreizungen zu diskreditiren.

Wirb erst nach einer Erschlaffung ober nach ver=
zweiflungsvollem Kampfe auf blutgetränktem Boben
bas neue Gesetz Wurzeln schlagen können?

Auf bem Dampfschiffe war eine Hauptmanns=
wittwe aus Salzburg mit ihren zwei Töchterchen.
Sie reiste nach Wien, um ein Unrecht auszugleichen,
bas ihrem Sohne geschehen war, ber burch eine
Intrigue von ber unentgeltlichen Aufnahme in bie
Ingenieurschule ausgeschlossen war. Sie hatte zu
bem Behufe ein Empfehlungsschreiben an ben Kriegs=
minister Latour bei sich. Ein alter Mann, ber bas
mit anhörte, sagte: „Ja, es wird lange bauern, bis
man bei uns in Oesterreich nicht eben Alles burch
Empfehlungsschreiben erlangen muß." Eine Schwä=
gerin bes Ministers Bach war auch mit auf bem
Dampfschiffe. Balb hörten wir an ben Anlanbungs=
plätzen bunkle Gerüchte, baß in Wien Unruhen aus=
gebrochen seien, es werde noch fort unb fort kanonirt.
Alles war in höchster Spannung, bis uns enblich bas
von Wien kommende Dampfschiff begegnete, von bem
ber Kapitän einen Zettel erhielt, ben er laut vortrug.
Darin hieß es, Latour ist an ben Laternenpfahl ge=

hängt, Bach und Wessenberg werden vom wüthenden
Volke gesucht, das Zeughaus ist erobert. Die Frau
mit dem Empfehlungsschreiben und die Schwägerin
Bachs fielen in Ohnmacht. Wir Alle waren tief er=
griffen von den Nachrichten. Sollte es möglich sein,
sollten die gemüthlichen Wiener sich vom Blutdurst
hinreißen lassen und wir nun einer langen Schreckens=
zeit entgegen gehen? Das scheint unmöglich. Wer hätte
es aber von den galanten Franzosen des achtzehnten
Jahrhunderts geglaubt, daß sie mit Wollust von
Mord zu Mord schritten, wenn nicht die Geschichte
solches als Thatsache aufwiese?

Wie glänzten die Berge und Burgen so ruhig im
Sonnenschein, es ist kein Auge da, das euren stillen
Blick erwiedert. Die Menschen erwürgen einander,
weil die Einen nicht aufhören wollen zu herrschen und
die Andern nicht länger wollen Sklaven sein.

Wir landeten auf der Station vor Nußdorf und
fuhren eilends nach der Stadt. Ueberall ein Wogen
und Treiben als ob nichts geschehen wäre, nur hier
und dort ein Wachposten oder ein Trupp der National=
garde. Als wir in die eigentliche Stadt kamen, ging

es von Barrikade über Barrikade. Sie schienen gut
gebaut; viele mit Dünger gekittet. Die schönen
Würfel des Pflasters thürmten sich leicht auf einander
und weithin vor jeder Barrikade war das Pflaster
aufgerissen und die Steinwürfel hin und her gestreut,
um geschlossene Kolonnen am Anmarsche zu verhindern.
Arbeiter hielten Wache bei den Barrikaden, an
den offen gelassenen Zugängen auf der Seite stand
ein Teller auf den Steinen, darein die Vorübergehen=
den kleine Gaben legten. Neue Opferstöcke an neuen
Altären. Die Kaufläden überall geschlossen, auf dem
Graben und in den angrenzenden Straßen des Zeug=
hauses die blechbeschlagenen Laden des Erdgeschosses
von Kugeln durchbohrt, bis in den fünften Stock
hinauf keine ganze Scheibe, Alles auf den Straßen
bunt durcheinander und bewaffnet.

Es war bereits Nacht, die Gaslampen brannten
als wir auf dem Platze „am Hofe" anlangten. An dem
Kandelaber hing noch der weiße Säbelgurt woran
Latour aufgehängt worden. Blutspuren an der
Säule und am Fuße derselben. Immer wechselnde
Menschengruppen sammelten sich zu Gesprächen und

Betrachtungen und hier hörten wir auch von alten
Leuten, daß das kannibalische Benehmen einzelner
Frauen gegen die Leiche, so wie daß man auf dem
Platze mit der Leiche getanzt habe nichts als pure
Lüge sei. — Stehen wir hier vor den ersten Meilen=
zeiger eines langen gräßlichen Weges voll Blut und
Mord? Ich gestehe, daß ich das keinen Augenblick
fürchte. Die scharfen Spitzen der Leidenschaft sind in
unseren Tagen durch die Reflexion umgebogen. Es
kann eine einzelne That wie hier als Resultat des er=
regten Moments sich herausstellen; zu nachhaltiger
fortgesetzter Mordgier fehlt es sowohl an erkenntlichen
unnachgiebigen Objekten als auch in den Gemüthern
an Raserei und Verwilderung. Kann aber diese
letztere sich nicht herausbilden im Laufe der Geschichte?
Kann es sich nicht fügen, daß man zu neuem Mord
greifen muß um die Sühne des alten zu verhindern?
Die Erfahrungen aus der französischen Revolution sind
hoffentlich für uns nicht verloren. Es ließe sich ein
andauerndes Morden und Selbstbetäuben durch immer
neue Gräuel denken, wenn es den dunkeln Mächten
gelänge, die Aufreizung der Besitzlosen gegen die Be=

sitzenden zum höchsten zu steigern und so unsere ganze
Civilisation in Frage zu stellen. Aber auch hier würde
sich bald herausstellen, daß es anders ist wie in der
ersten französischen Revolution, wo es gegen Adel und
großen Grundbesitz ging. Das heutige Besitzthum,
das größtentheils in imaginärem Besitze besteht, dieses
vernichten und an sich ziehen, würde die Zerstörer
keineswegs zu Besitzern machen. Der Arbeiter, den
heutigen Tages so viele Volksführer zum Marquis
Duvrier aufschmeicheln wollen, würde bald einsehen,
daß nicht durch fortwährende Revolution, sondern
durch neue Organisation seine Lage verbessert werde...

Ich ging mit meinen neuen Freunde zu der in der
Nähe wohnenden liebenswürdigen Darstellerin der
Lorle, die wir hier mit ihrer Mutter am Theetisch
fanden. Seltsamer Kontrast! Während da draußen
die ganze Welt in Gährung, Alles in Waffen, im
dunkeln Drange daß man sich schützen müsse vor den
Folgen seiner eigenen That — hier eine kleine Welt
von gestern, von einem andern Jahrhundert. Die
Lampe brennt so traulich, die bequemen Stühle zeigen
daß sich's unsere nächste Vergangenheit sehr behaglich

gemacht und daß es dem gegenwärtigen Geschlechte
doppelt schwer sein wird, den Wachdienst der Zeit
Tag und Nacht zu beziehen. An den Wänden die
ruhigen Bilder, dort die Blumen, die Bücher und
der Flügel — deine Töne werden lange schlummern,
die Zeit der lieblichen Melodie ist hin; wer lauscht
den zarten Tönen, während draußen der Donner
rollt? — Hier das kleine Bild einer in sich ruhenden
Häuslichkeit, während über die Straßen mit ehernem
Schritte eine neue Zeitgeschichte schreitet.

Es gehört vielleicht zu den unauflösbaren Aufga-
ben, die Geschichte des allgemeinen Lebens gleichzeitig
mit den Wandlungen in einem Einzeldasein festzuhalten; immer wieder vom vielstimmigen Forum in ein
umfriedetes Heimwesen einzublicken, zu zeigen, was
dort sich aufthut und wie es hier umgestaltend einwirkt.
Das wird der strengen Geschichte wol immer unmöglich sein und darum Aufgabe der historischen Poesie
bleiben. Darum auch ist es so nothwendig und natürlich, bei dem Aufrollen großer weltgeschichtlicher Ta-
bleaur die Wandlungen eines kleinen Einzellebens
mit hinein zu verflechten und so die Wirkungen des

Gesammten auf die Stellungen des Individuums zu
zeigen.

Die Erschütterung der Gemüther durch die fast vor
den Augen vollbrachte That, bebte natürlich auch hier
nach und die Künstlerin sah die rasende Barbarei im
Anzuge. Was nützt es dem, dessen Saaten vom
Wetter zerschlagen sind, darzuthun, daß sich soviel
Elektrizität in der Luft gesammelt, die sich ent=
laden mußte und nun die Atmosphäre reinigte? Es
gibt bei gewaltigen großen Schicksalsschlägen, treffen
sie nun das Einzelleben oder die Gesammtheit, am
Ende keinen andern Trost als: man muß still halten,
Sonnenschein und Hagel über sich kommen lassen und
sich den Muth wieder aufrichten.

Beim Heimwege ging's auf den Barrikaden lustig
her. Singen und Lachen. Da und dort hatte man
sich einen Feuerheerd hergerichtet und die Feuer prassel=
ten lustig zwischen den Töpfen.

den 8. Oktober.

Ein Sonntag ohne Glockengeläute. Der Zusam=
menhang der hiesigen Dinge stellt sich mir als folgender

heraus. Man hatte im März den Ungarn eine
Selbständigkeit versprochen, wie sie, soll Ungarn mit
Oesterreich zu einer Einheit verbunden sein, kaum halt=
bar ist. Die Ungarn begingen in ihrem Uebermuthe
Ungerechtigkeiten gegen die Kroaten. Das wird von
der Camarilla benützt, um die Ungarn zu bändigen. Je=
lachich, noch vor Kurzem fast in den Bann gethan,
wird insgeheim unterstützt. Die Ungaren, die sich von
der neuen Diplomatie verrathen sehen, wenden sich an
den Reichstag in Wien. Das Ministerium weiß es
mit Hülfe der Czechen zu hintertreiben, daß die unga=
rischen Abgesandten vor den Reichstag treten. Der
Kriegsminister Latour, der vor dem Reichstage laut und
öffentlich jede Verbindung mit Jelachich geleugnet
hatte, wird durch einen aufgefangenen Briefwechsel
überwiesen, daß er ihm Geld u. s. w. geschickt; er
sucht dies nun zu beschönigen. Lamberg wird abge=
sendet und ermordet. Der Kaiser setzt das ungarische
Ministerium ab und das neue zu Allem willige seine
eigene Ernennung kontrasignirende Ministerium Recsey
ein. Man wagt es jetzt frei heraus zu gehen; das
Manifest an die Ungarn erscheint. Es sollen vor=

geſtern deutſche Truppen, die in Wien garniſoniren, zur
Bekämpfung der Ungarn abziehen. Sie weigern ſich
und die Bevölkerung erkennt offen das alte Syſtem:
eine Nationalität durch die andere zu bändigen. Gewiß
haben auch Aufreizungen von Seiten Ungarns her das
ihrige gethan. Ein Theil der Bürgerwehr und der
akademiſchen Legion kommt unverſehens den ſich wei=
gernden Soldaten zu Hülfe, die von Dragonern zur
Abfahrt gezwungen werden ſollen. Man verlangt von
Latour die Zurücknahme des Marſchbefehls. Er wei=
gert ſolche. Es kommt am Tabor zum Kampfe, die
übergegangenen Soldaten und die Bürgerwehr ſiegen.
An der Stephanskirche kämpft Bürgerwehr gegen Bür=
gerwehr und das wüthende Volk hängt Latour für ſeine
Hartnäckigkeit und Perfidie. Der Reichstag, wohl
einſehend, daß hier keine Revolution vorgegangen, die
den Staat umgeſtalten will, ſondern ein gräßlicher
Ausbruch des Affekts, verlangt vom Kaiſer Bildung
eines neuen volksthümlichen Miniſteriums und Amneſtie
für alles Geſchehene. Der Kaiſer bewilligt ſolches und
flieht es widerrufend am andern Morgen aus Schön=
brunn. Das Volk hat das Zeughaus erobert und

Auersperg zieht sich mit seinen Truppen aus der Stadt in die gefahrdrohende Stellung auf dem Belvedere. Wer weiß was jetzt geschehen wird. Wird man von kaiserlicher Seite aus das Volk zu einer Revolution nöthigen, weil ein wilder Haufe einen Mord begangen? Vielleicht ist jetzt auch die Zeit gekommen, wo sich das immer schwächliche Ministerium durch die Eisenkur des Belagerungszustandes stärken wird.

Wir gingen nach dem Reichstage, der in Permanenz war. Smolka, ein polnischer Advokat, mit treuherzigem Antlitze, troß des borstig weit abstehenden blonden Schnurrbarts, präsidirte mit ruhigem Takte und in anspruchloser Redeweise. Es handelte sich heute wesentlich um mehrere Anträge Borrosch's, die auf das feste unerschütterliche Zusammenhalten der 251 anwesenden Mitglieder abzielte.

Mittags wandelten wir durch die Stadt und über die Außenwerke. Alles hatte ein sonntägliches Ansehen, man betrachtete sich die Barrikaden und die verrammelten Thore mit vieler Ruhe, wenngleich eine Beklemmung in vielen Gemüthern unverkennbar war; aber es muß sein, der Kaiser muß die Hand bieten

zur Verſöhnung und zur Ruhe. Da und dort aus
den Thoren fuhren bepackte Wagen mit ganzen Familien. Die närriſch furchtſamen Leute! warum ent-
fliehen ſie? Es lebt ſich ja ſo ruhig in dem heitern
Wien, troß ſeiner fieberiſchen Aufregung.

Auf Nachmittag war eine große Maſſenverſamm-
lung in das Odeon berufen, aber ſie wurde durch
geſchriebene Zettel an allen Straßenecken abbeſtellt.
Aus zuverſichtlicher Quelle von den Betheiligten ſelber
erfuhr ich, daß es der Plan Einzelner war, im Odeon
die Republik zu proklamiren und eine proviſoriſche Regierung einzuſetzen. Einige beſonnenere Häupter der
demokratiſchen Partei widerſetzten ſich dieſem Vorha-
ben und erklärten: denjenigen, der die Republik aus-
rufen wolle, unmittelbar als Verräther zu bezeichnen
und ihn der Volksrache zu überliefern. So unterblieb
die Verſammlung.

den 9. Oktober.

Im Reichstage. Schuſelka berichtet im Namen
des permanenten Ausſchuſſes. Jelachich (deſſen Ab-
ſetzung der Reichstag vom Kaiſer verlangt und dieſer

im Allgemeinen gewährt hatte) soll mit seinen Trup=
pen bei Bruck in Steiermark stehen. Der Abgeordnete
Prato wird zur Verständigung und zur Verhinderung
eines Weitermarsches dahin abgesendet, auch aber=
mals ein Courier an den Kaiser, daß er jedes Vor=
bringen Jelachichs verhüte. Eine Bauern=Deputation
aus dem Marchfelde und dem Weinlande erklärt mit
Gut und Blut zu Wien und dem Reichstage zu ste=
hen. Das permanente Studenten=Comitee stellt die
akademische Legion ganz zur Verfügung des Reichs=
tages. Die Unterhandlungen mit Auersperg, der mit
seinen Truppen auf dem Belvedere von der Stadt aus
verpflegt wird, sind noch unerledigt. — In der Stadt
herrscht große freudige Aufregung in allen Gruppen.
Jelachich ist geschlagen, heißt es, die Ungarn folgen
ihm auf dem Fuße, um ihn vollends zu vernichten;
der Kaiser soll unterwegs auf seiner Flucht vom Land=
sturm aufgehalten worden sein, in Ollmütz ist er nach
bestimmter Nachricht noch nicht. Er soll von Kanonen
und bedeutenden Mannschaften umgeben seine Reise
fortsetzen. Diese abermalige Flucht des Kaisers ist
von bedeutsamen Folgen. „Hat der Kaiser seinen

Poften verlaffen, warum darf ich's nicht auch?" fagte
ein übergegangener Grenadier zu einem Freunde.
Vom Kaifer felber kann die Rede nicht fein, aber es
wäre von großer Bedeutung, wenn man einen offenen
Einblick in feine Umgebungen gewinnen könnte. Im
Volke nennt man die Erzherzogin Sophie als Frau
Camarilla. Kann man es verargen, wenn man noch
nicht glaubt, daß es den Höfen ernft ift mit der
konftitutionellen Freiheit und daß es fortan eine
offene auf Wahrheit beruhende Politik gebe? Der
allgemeine Inftinkt mit feiner unverdorbenen Spür=
kraft witterte hier und anderwärts fchon lange den
Fuchs in dem alten Hofbaue; man mochte und wollte
ihm nicht glauben und fuchte ihn zu befchwichtigen
und — um bei dem Bilde zu bleiben — er bellte und
bellte immerfort. Jetzt, durch die Ereigniffe ift der
Fuchs heraus und entfchlüpft. Der laute nicht zum
Schweigen zu bringende Verdacht hat nicht erft den
Schlaukopf gefchaffen oder durch ein Wunder den Ha=
fen in einen Fuchs verwandelt, er war fchon lange
da in feiner wirklichen Natur Das Ränkefpiel mit
Jelachich, den man als befondern Liebling der Frau

Auerbachs Tagebuch.   5

Camarilla bezeichnet, hat die alte treulose Versteck=
kenskunst zu Tage gebracht. Jetzt diese abermalige
Flucht des Kaisers. Ist sie nicht mindestens kindisch?
Nirgends eine Spur von Antipathie gegen den Kaiser.
Man sieht das Bestehen des Thrones als Gewähr für
das Bestehen Oesterreichs an, die Dynastie erscheint
Allen als eine Nothwendigkeit. Man erzählt sich, daß
man abermals vor den Gemächern des Kaisers Sä=
belgerassel und Gewehrgepolter gemacht habe, um ihn
wegen persönlicher Gefahr zur Flucht zu drängen.
Mag das auch mythisch sein und das Volk ein Auf=
rütteln von Furchtgedanken sinnlich in Eisenklänge
übertragen haben; es zeigt doch, welch eine Vormei=
nung herrscht über die Einschüchternden und den Ein=
geschüchterten. Latour stand dem Kaiser nahe, sein Tod
muß ihn erschüttert haben; aber statt zu antworten:
„sucht die Mörder und überliefert sie den Gerichten!"
rennt er bei Nacht und Nebel davon. Wie wird er
wieder zurückkehren können? . . .

Abends wiederum Sitzung im Reichstage. Schu=
selka berichtet, daß die Verhandlungen mit Auersperg,
er möge aus seiner gefahrdrohenden Stellung in die

Stadt zurückkehren, bis jetzt fruchtlos blieben. Auers=
perg behauptet fortwährend seine friedlichen Absichten.
Der Deputirte Prato hat den Banus Jelachich in
Schwadorf auf halbem Wege zwischen hier und Bruck
getroffen. Der Banus erklärte, er kenne keinen an=
dern Befehl als den Wunsch des Kaisers und wolle
sich selbst mit seinen Truppen dem Kaiser zuführen.
Sein Benehmen war voll Freundlichkeit, doch auch
mit Zurückhaltung. Prato schätzte die Truppen dessel=
ben auf höchstens 3000 Mann, die sich aber in kläg=
lichem Zustande befinden. Kraus, der einzige hier
gebliebene Minister, erklärt in Betreff des Banus nur
im Einverständnisse mit dem permanenten Ausschusse
zu handeln. Umlauft, eine widerwärtig gespreizte
Persönlichkeit, von dem man es nicht vergessen kann,
daß er bis zu den Märztagen Zensor war und jetzt
auf der äußersten Linken deklamirt, stellte den Antrag,
daß das von den Nationalgarden entworfene Discipli=
nargesetz von dem Ministerium als vorläufiges Gesetz
proklamirt werde. Der Antrag wurde angenommen.
Es gilt jetzt eine geordnete Volksbewaffnung her=
zustellen.

5*

Gewaltige Aufregung herrscht in der Stadt. In Je=
lachich mit seinen Horden zeigt sich ein wirklicher Feind
und ein Vertreter der Barbarei. In heller Kampfes=
lust wird überall davon gesprochen, man müsse hinaus,
Auersperg mit seinen Truppen angreifen und vernich=
ten, bevor er sich mit Jelachich vereinigen könne.
Andere sprechen dagegen: ein Volksheer sei nur stark
in der Vertheidigung, nicht im Angriffe; dort gewinne
der moralische Muth seine Bedeutung, hier allein die
Disciplin, an der es noch fehle. Wieder Andere er=
zählen, daß ein Feuerwerker in der Stadt sich bereit
erklärt habe, die Auerspergischen Truppen auf dem
Belvedere, die dort eng zusammengedrückt sind, durch
Schwefelraketen sammt und sonders zu ersticken. Man
schüttelte den Kopf darüber, „es sind ja auch Menschen
und viele Landeskinder dabei,“ sagte ein ruhiger Mann.
Die Gruppen an allen Orten bilden sich rasch, Einer
spricht einen Bekannten an, schnell sammelt sich ein
Haufe ringsum, man debattirt, man erzählt, man
widerspricht, man kennt sich wenig oder gar nicht.
Ein Legionär erhält immer die meiste Aufmerksamkeit.
Die Legionäre sind aber nicht bloß Studenten, son=

dern jeder Promovirte und was sonst sich dem geistigen
Berufe nähert, gehört zu ihnen. — Man erzählt von
grausamen Ausfällen, die die Soldaten im Belvedere
auf vorübergehende Bürger und besonders auf Stu=
denten machen. In den Wirthshäusern sitzt Alles
bewaffnet, wir sind völlig wie in einem großen Lager.

den 10. Oktober.

Lärmend und mit eigenthümlichem Singsang rufen
schon am frühen Morgen Frauen und Jungen in der
stillen Gasse die Zeitungen zum Verkaufe aus. Es
gibt kein stilles Morgendämmern der Gedanken mehr.
Alles Dichten und Trachten wird alsbald wieder auf
den Posten gerufen, von dem nur der Schlaf auf
Stunden ablöst.

Zum Reichstag! rufen die eintretenden Freunde,
dort ist das offene Herz des ganzen Staats= und
Stadtlebens. Schuselka berichtet von der sturmvollen
Nacht. Man verlangte, daß das Belvedere angegrif=
fen und der Landsturm aufgeboten werde. Beides
wurde zurückgewiesen, dagegen die Nationalgarden
der Umgegend zur Bereithaltung aufgefordert, die

geordnete allgemeine Volksbewaffnung veranstaltet, vom Ministerium abermals an den Banus eine Zuschrift durch zwei Reichstagsmitglieder erlassen, um von ihm eine entschiedene Antwort zu erhalten. Man erwartet bis gegen Abend Auskunft von ihm und von Auersperg.

Abends wiederum Sitzung im Reichstag. Minister Kraus berichtet, daß Minister Hornbostl, den der Kaiser zu sich berufen, denselben bei Krems getroffen habe. Der Kaiser werde sich weiter nach Brünn oder Ollmütz begeben. Pillersdorf, Borrosch und Stubnitzki waren bei Auersperg gewesen und die langen Verhandlungen mit demselben führten zu keinem weitern Resultat. Auersperg will seine Stellung nicht aufgeben, erklärt aber auch zuletzt, daß er mit dem Banus in keiner Verbindung stehe.

Die Deputation, die bei Jelachich gewesen war, berichtet, daß dieser antwortete: „als Staatsdiener bin ich verpflichtet, der Anarchie nach Kräften zu steuern; als Militär gibt der Donner des Geschützes die Marschdirektion."

Hier in Oesterreich und zumal in Wien ist die

Herrschaft der bombastischen exaltirten Phrase und
eben diese benützt Jelachich nun zur diplomatischen
Intrigue. Was soll das heißen: er folge dem Donner
des Geschützes?

Jelachich, der Kroatenhäuptling, hat mit fremden
Truppen deutsches Reichsgebiet betreten; aber freilich
hier ist der kranke Punkt. Was ist in Oesterreich
deutsches Reichsgebiet? Wer beruft sich hier da=
rauf? Würde nicht ein allgemeines Zeter entstehen,
wenn deutsche Reichstruppen zur Vertreibung der
Kroaten einrückten? Es herrscht eine jämmerliche
Unentschiedenheit und Gedoppeltheit in Bezug auf das
Verhältniß zu Deutschland. Selbst bessere Köpfe
scheuen sich vor dem muthigen Entscheide. Ein star=
kes einiges Oesterreich heißt es, und doch, wie die
Phrase hier lautet „ein inniger Anschluß" an Deutsch=
land, während in Preußen die Phrase zu Pferde
heißt: „ein Aufgehen in Deutschland."

Das österreichische Sonderstreben und Sonderbe=
wußtsein ist ganz verschieden von dem preußischen.
Es ist hier nicht jener soldatische Hochmuth, jenes
Pochen auf historische Besonderheit, mit Berufung

auf Friedrich II., auf Blücher u. f. w., es ist hier ein=
fach die Thatsache, daß man einen Völkercompler
zusammenhalten, sich eine besondere Wirthschaft be=
wahren möchte, da man all die fremden Gäste nicht
im väterlichen Hause unterbringen kann. Dazu
kommt, daß Alles, was hier geistiges Leben und
geistige Beziehung erhält, eine sehnsuchtsvolle Hin=
neigung, eine gewisse sympathische Abhängigkeit und
Anhänglichkeit zu Deutschland hat; denn von dort her
wurde die Flamme genährt, dorthin flüchtete sich
was in der heimischen Stickluft zu verkommen fürchten
mußte. Hiemit im Zusammenhange steht auch die
im allgemeinen Volkscharakter begründete harmlose
Bescheidenheit und soziale Anspruchslosigkeit solcher
Männer, denen eine bedeutende Rolle in der neuen
Zeit zugefallen ist, während man anderwärts viel mehr
an Behaupten seiner persönlichen „Stellung" und dgl.
denkt.

Das preußische Sonderbewußtsein betont es stark,
daß es eigentlich nur aus Gnade sich um die deutsche
Einheit kümmere, da man sich stark genug in sich selbst
fühle und ohnedieß die Hegemonie der Intelligenz

habe. In Oesterreich dagegen spricht man es unver-
hohlen aus, daß ein inniger Verein mit Deutschland
zu den liebsten Wünschen gehört, aber freilich, wie
das zu bewerkstelligen, das will sich schwer finden
lassen. Demokratische Idealisten machen sich die Arbeit leicht und sprechen von einem großen mittel-
europäischen Föderativstaat. Ein seltsames Spiel
wiederholt sich: die Diplomaten treffen von ganz
anderm Standpunkte ausgehend mit den Idealisten
zusammen. Ich hörte einen Diplomaten, der dem
Stadion'schen Kreise nahe steht, den Plan auseinan-
anderfetzen: Kaiser Ferdinand müsse abbanken und die
Krone seinem Neffen Franz Joseph abtreten. Dieser
solle dann zum Kaiser von Deutschland erwählt, das
Frankfurter Parlament nach Wien verlegt und so
Deutschland und Oesterreich in Eins verschmolzen
werden. Als ob sich Preußen von Wien aus regieren
ließe. Als ob dem vielfach corrupten Wesen der
ganzen österreichischen Staatsmaschine das exacte,
wenn auch oft militärisch starre Verfahren in Preußen
nicht weit vorzuziehen wäre.

Das Jämmerlichste ist, daß man im Anfange

dieses Sommers zu Frankfurt ein Provisorium ein-
setzte, während damals die Macht der öffentlichen
Stimmung noch frisch genug war, um nach großem
Maßstabe eine neue Ordnung einzusetzen. Jetzt drängt
bei schon erlahmter Kraft der öffentlichen Meinung
und den wieder eintretenden Rücksichten die Frage der
Einheit, die im Frühlinge keine Frage sein konnte,
zur Entscheidung, und es ist sehr zu fürchten, daß
diese eine halbe wird . . .

den 11. October.

Jubel in der Stadt. 500 Mann Brünner Nationalgarden sind angekommen, die Ungarn rüsten Dampfschiffe aus, um Wien zu Hülfe zu eilen. Einer berichtet's dem andern freudestrahlenden Antlitzes auf
der Straße. Am Mittag Sitzung des Reichstags.
Löhner, der zum Kaiser gesandt worden, hat denselben
noch nicht getroffen. Hornbostl hat beim Kaiser, bei
dem er nichts mehr ausrichten kann, um Entlassung
gebeten. Es wird abermals eine Deputation an den
Kaiser gewählt, um ihm die wahre Lage der Stadt
darzulegen, aus jeder Provinz ein Deputirter. Der

Kaiſer muß doch endlich nachgeben, er muß doch end=
lich einſehen, daß in Wien nicht Anarchie herrſcht
und daß längſt Alles ruhig wäre, wenn man nicht
vielleicht von oben herab in Wien gewaltſam eine
Revolution octroyiren wollte, um es hernach deſto
ſtärker züchtigen zu können. Iſt Jelachich nicht da,
ſo iſt in Wien keine Aufregung, die jetzt bis zum
höchſten ſteigt.

Ein Anſchlag des Gemeinderaths erklärt, daß er
die Verſorgung der Hinterbliebenen ſolcher, welche im
Dienſte der Stadt gefallen, ſo wie die der Invaliden
übernehme. Das macht gewaltigen Eindruck.

Der Reichstag, der immerfort gedrängt wurde,
die Ungarn zu rufen, widerſteht dieſem Anſinnen.
Er hat gegen den Einfall Jelachich's proteſtirt und
kann alſo auch die Ungarn nicht rufen. Ein Anſchlag
des permanenten Ausſchuſſes erklärt heute, das
Gerücht ſei falſch, daß der Reichstag den Ungarn
verboten habe, die öſterreichiſche Grenze zu über=
ſchreiten.

Die Ungarn ſollen ſchon bereit ſtehen, heißt es
jetzt, aber noch jenſeits der Grenze. Was zögern ſie?

Läßt man sich rufen, um die Pflicht der Dankbarkeit zu erfüllen? Ich fürchte, wir Deutschen sind wieder einmal von einem fremden Volke am Narrenseil geführt. Das darf man aber nicht laut werden lassen.

Mit grünweißen Bändern geschmückt sind heute viele liebe Bekannte aus Graz und Steiermark hier angekommen. Es sind muthige Söhne der Berge, freudige Burschen, die, wie mir einer von ihnen sagte, „zum Raufen" hierher gekommen sind. In den Provinzen lassen die Beamten des alten Regime's, die noch immer am Ruder sind, die wahre Lage Wiens nicht zur Kunde des gesammten Volkes gelangen.

Es ist allarmirt durch die Straßen. Trupps ziehen auf und ab. Die Pferde aus den Marställen ziehen Kanonen, Munitions- und Fouragewagen, das ist ein ewiges Auf- und Abwogen wie auf der aufgeregten See. Es läßt sich kein scharf umrissenes Bild einer Woge festhalten.

Die von draußen kommen, bekennen selber, daß es eigentlich schwer sei, dem gemeinen Manne die absonderliche Lage Wiens begreiflich zu machen. Gegen den Kaiser hat sich Niemand erhoben, der Reichstag

tagt ruhig fort und wird von allen Seiten als der ge=
setzliche Hort und Rettungsanker anerkannt. Es
galt nur der Camarilla, die neben und über dem
konstitutionellen Organismus ihr geheimes Spiel
fortsetzte. Latour fiel als Opfer, ihn traf die ge=
rechte Strafe aber auf ungerechte Weise für seinen
Verrath an der Wahrhaftigkeit. Weil eben in Wien
keine Revolution gemacht ist, darum will man es
jetzt von außen dazu zwingen, und doch steht Wien
jetzt nur in der Nothwehr gegen Barbarenhorden.

den 12. October.

Mittags im Reichstage berichtete Schuselka über die
Verhandlungen mit Auersperg. Dieser hat Belvedere
verlassen, und sich außerhalb der Stadt aufgestellt.
Man erwartet allgemein seine Vereinigung mit Jelachich.

Ich ging Nachmittags zum erstenmal mit Freunden
nach dem Central=Comitee der demokratischen Ver=
eine, das im Wirthshause zur Ente permanent ist.
Im zweiten Stock in einem großen Zimmer wurden
die Sitzungen gehalten. In allen Ecken standen
Waffen, Karabiner, Flinten, Säbel, aus den offen

stehenden Schränken schauten Kugeln und Patronen
heraus. An dem einen Ende des Zimmers lag ein
junger Mann in Legionärstracht auf einem Bette und
schlief ruhig. Der Ermüdete hatte wach Unruhe genug
ertragen, der Lärm um ihn her ging ihn jetzt nichts
an. An dem entgegengesetzten Ende des Zimmers saß
der räthselhafte Chaisés, eine Art Cagliostro der Po=
litik, gegen den Jedermann ein Aber in der Seele
hat und der doch wie mit dämonischer Gewalt
einen unbestreitbaren Einfluß ausübt. Er saß jetzt
dort und zählte einigen fliegenden Buchhändlern ihre
Kreuzer ab, die sie für Plakate und dergleichen abzu=
liefern hatten. Doktor Taufenau, ein Mann im
Anfange der Vierzig, dunkeln und vollen Antlitzes
mit etwas spitzem Untergesichte, dem nächst Schütte
die mächtigste Redegabe zu Gebote stehen soll, präsidirte
an dem langen Tische in der Mitte des Zimmers. Ein
Protokollführer saß neben ihm, dann Ludwig Eckart
mit fein gegliedertem Körperbau, dem der Waffenrock
gar zierlich stand. Er hat sich früher wie so viele die
jetzt das wilde Roß der Ultra=Demokratie tummeln,
ausschließlich in zahmer Wiener Belletristik umgethan

und .n Journalschlachten viel Tinte vergossen. Auch
Jellinek war da, der rührige politische Magus aus
dem Norden, der im „Radikalen" Hegel=Bauer=
Stirner'sche Begriffsprozesse neben Wiener Würstel mit
Kren aufzutischen sich bemüht. Das transparente
Antlitz Jellineks zeugt von großer geistiger Rührigkeit,
die etwas abgehärmte Gestalt schien von selbst zu de=
monstriren, daß Abstraktionen nicht wohlbeleibt
machen; dazu das rührige stets mit den Händen
fuchtelnde Wesen, das si.h leibhaftig auf den Gegner
warf und schnell wieder die Brille auf dem Nasen=
sattel festhielt. Jellinek gehört zu den grundehrlichen,
dabei aber forcirten Naturen; theils die Consequenz
seiner angenommenen oder selbst gefundenen Prinzipien,
theils die rasche Folge der Thatsachen führte ihn über
sein eigentliches Naturell hinaus. Er wollte nicht,
wie er glaubte, hinter sich und den Thatsachen zurück=
bleiben und er wurde über sich selbst hinausgedrängt;
daher jene fieberhafte Ungeduld, jenes sich Ueberstürzen
in der Diskussion, jenes Berufen auf tausenderlei Ab=
liegendes, das alles zusammen keine eigentliche De=
batte mehr zuließ. Es tritt in solcher Forcirtheit, ein

gewiſſer Fanatismus ein, der das Für und Wider nicht mehr ruhig darlegen läßt, denn die Kunſt des Hörens, des wirklichen und getreuen Aufnehmens fremder Anſchauungsweiſe geht dabei verloren. Während der Andere ſpricht, hat der Zuhörende ſo zu ſagen nur immer den Gedankenpfeil in der Hand, den er losſchnellen will, ſobald Jener aufhört und — er ſchießt in die Luft.

Wie Viele werden in dieſen Tagen die Fruchtloſigkeit jeglicher Debatte erfahren haben, denn Wenige ſind bereit, einen neuen Gedanken als Erlöſer in ihr Herz einziehen zu laſſen und ihm die Ehre zu geben. Die Abſtrakten namentlich, den abſoluten Kritiker, die auf ſpekulativer Höhe über den Thatſachen zu ſtehen vermeinen und überall ſie auf ihre relative Bedeutung zurückführen wollen, dieſe gerade müſſen den Thatſachen wie beim Gänſemarſche durch alle beliebigen Zickzacke folgen und ſind ſelbſt die unfreieſten.

Es ließe ſich ein großes Kapitel über die forcirten Naturen in der Gegenwart ſchreiben, ich will es hier nur andeuten, vielleicht fragt ſich dabei mancher,

ob er denn wirklich und wahrhaft dasteht, wohin er
sich selbst oder die Ereignisse ihn gestellt...

Außer Jellinek war noch Dr. Frank bemerkenswerth. Eine Erscheinung von imposanter Kraft, wie
für den Ritterharnisch geboren. Es handelte sich
auch heute darum, ob er als gebildeter Militär nicht
Oberkommandant von Wien würde. Er und Messenhauser waren die Kandidaten der demokratischen Partei, während eine andere Partei (die eigentlich keinen
rechten Namen hat) einen ehemaligen Offizier Namens
Spithütl ernannt wissen wollte.

Wunderfames Wogen, das in der Brust eines
Mannes vorgehen muß, in den Stunden wo es
sich entscheiden soll, ob er an die Spitze einer welt-
geschichtlichen Bewegung gerufen wird oder nicht.
Wer ist groß und ehrlich genug, daß er sich sagen
könnte: Du wirst mit demselben Gleichmuthe das
Eine und das Andere aufnehmen? Dieses Herüber
und Hinüber ist unmöglich. Wer könnte mit der
ganzen Kraft seines Wesens eine Stellung ergrei-
fen, wenn er zur selben Zeit mit unbewegter Ruhe
auf sie verzichten könnte? Es wird sich Jeder ehr-

lich gestehen müssen, daß im Falle der Abweisung
eine wenn auch nur momentane Bitterkeit in ihm
aufsteigt.

Eine neue Geschichte des menschlichen Herzens wird
sich uns aufthun, wenn wie es fortan ergehen wird,
die Männer der Geschichte nicht mehr durch Geburt,
sondern durch Berufung an die Spitze gestellt werden
und sie uns das enthüllten, was ihr Herz in solchen
Entscheidungsmomenten empfand. Welche edeln
Vorsätze in dem einen und welche ehrgeizigen in dem
andern müßten da zu Tage kommen. Wie leicht
kommt es bei einer solchen Wahl, daß man dieselben
Menschen, deren Ruf man im Bejahungsfalle als
höchste Genugthuung zu preisen bereit ist, im Ver-
neinungsfalle als unfreie gedankenlose Masse ansieht
und sich über ihre Würdigung weit erhaben dünkt.
Oder wird uns die Geschichte immer nur die äußeren
Thatsachen hinstellen und uns nie das wirkliche innere
Leben enthüllen? Wie wenig Menschen haben den
Muth der Wahrhaftigkeit vor sich selber! Wie viel
Tausende schminken sich vor sich selbst in ihrer Ein-
samkeit!

Das Centralkomitee der demokratischen Vereine war keine gesetzlich anerkannte Behörde, als solche galt nur der Ausschuß des Reichstags, der Gemeinderath und das Studentenkomitee, alle in Permanenz. Dennoch war der Einfluß des Centralkomitees von großer Bedeutung, wenn gleich eingestandenermaßen die demokratischen Vereine nie zu einer allgemeinen Geltung gelangt waren. Das Vereinsleben hatte in Wien überhaupt noch nicht recht Wurzel geschlagen, nur die Arbeitervereine waren gut organisirt und hatten darum eine feste Haltung.

In den Verhandlungen war bei unserer Ankunft gerade eine Pause eingetreten. Einige kamen und verlangten Waffen, Andere Munition, sie wurden mit Zetteln versehen an die betreffenden Orte geschickt. Andere kamen aus den umliegenden Dorfschaften und berichteten, daß von Jelachich daselbst die Nationalgarden entwaffnet wurden. Jelachich hob also aus eigener Machtvollkommenheit das vom Kaiser garantirte Waffenrecht auf. Ich sprach mit einigen Führern davon, daß man sich nach Frankfurt wenden müsse, um die Verletzung deutschen Reichs=

6 *

gebiets zu wahren. „Nach diesem Frankfurt, hieß es von einigen Seiten, das weiter nichts als der Sitz der neuen Central-Polizei ist? Wir wollen nichts davon." Jellinek dagegen trat auf meine Seite. Er hatte selber schon den Antrag hiezu gestellt und ver= langt, daß man zu dem Zwecke eine große Volks= versammlung einberufe. Er war aber damit durchgefallen. Er klagte überhaupt über politischen Unverstand und sagte, er wolle nach Beendigung dieser Bewegung, sei sie welche sie wolle, wieder hinaus nach Deutschland.

Ich nahm mir zwei Reiterpistolen mit, um auch Waffen zu haben, und wir gingen nach dem Studen= tenkomitee. Im Hofe der Aula war Alles gedrängt voll von Bewaffneten oder eigentlich von Menschen, denn man sah in diesen Tagen fast keinen Menschen ohne Waffen. Auf die Versicherung unsers Führers wurden wir eingelassen und stiegen zwei Treppen hinan.

Auf den Treppen hörten wir einen dem andern die Mahnung zurufen, doch nicht immer mit geladenem Gewehr umherzugehen, und in der That, wenn man bedenkt, wie viel Tausende Ungeübter in diesen Tagen mit aufgesetztem Zünder umhergehen, so muß man sich wundern, daß nur so wenig Unglück geschah. Auf dem Corridor, wo einzelne Studenten auf Stroh lagen und auf einer Bank einige Gläser mit Wein standen, wurden große Säcke mit Tabak und Zigarren getragen in dieses und jenes Zimmer; der Gemeinde= rath hatte solche zu beliebiger Verwendung geschickt. Wir traten in das Zimmer, wo das permanente Comitee seine Sitzungen hielt. Mit einer unver= kennbaren ernsten Gewissenhaftigkeit wurden hier die Verhandlungen geleitet. Die Berichte über= stürzten sich, die Leute mußten zurückgehalten werden, daß nur einer nach dem andern seine Sache vortrug. Da ist ein Spion eingefangen. Ein Student wird beordert mit ihm in das besondere Zimmer zu gehen, wo die Untersuchungen geleitet werden. Ein anderer bringt Klage über Mangel an Zusammenhalt unter den Bewaffneten, über fehlende Munition und dergl. Wird an das Oberkommando verwiesen. Ein dritter bringt Thatsachen zur Konstatirung der Willkürlich= keiten und Grausamkeiten, die von den Truppen auf

dem Belvedere begangen wurden. Wird zu Protokoll
genommen. Eine umliegende Dorfschaft sendet ihre
Waffen, damit sie nicht in die Hände Jelachich's
kämen. Alles Alles drängt sich zuerst mit seinen
Anliegen an das Studentenkomitee. Es ist die Be=
hörde, der man am nahesten steht und am freudigsten
Autorität einräumt. · Der Eindruck, den die ganzen
Verhandlungen machten, war ein durchaus männlich
ernster. Ein Student Namens Hofer, ein junger
Mann mit einem edeln Schnitte des Gesichtes, dessen
Stimme durch unverkennbare lange Anstrengung und
Ueberwachtheit gedämpft und sanft melancholisch
klang, präsidirte gerade. Es bedurfte nur leiser An=
deutungen, um Zwischenreden und dergl. in das ge=
hörige Geleise zu führen. Die Sitzung verwandelte
sich jetzt durch einen Neueintretenden in eine ge=
heime, und obgleich uns einzelne versicherten, wir
könnten ausnahmsweise dableiben, verließen wir den=
noch mit allen nicht zum Comitee Gehörigen das
Zimmer.

Ich hörte von unserm Begleiter, daß in der gehei=
men Sitzung wegen des zu erwählenden Oberkomman=

danten Mittheilung gemacht und Berathung gepflogen
werden soll.

Mich verlangte die Kroaten zu sehen und wir wur=
den in das Zimmer geführt, wo sie gefangen waren.
Es war ziemlich geräumig, einige Stühle und eine
Bank bildeten den Hausrath. An beiden Seiten der
Länge nach lag Stroh auf dem Boden. Dort saß
Einer und hatte das Kinn auf die Faust gestemmt und
glotzte uns unverwandt an. Am Fenster stand eine
Gruppe in fremd lautendem Gespräche, daneben hockte
einer der seine Hosen flickte, ihm zur Seite lag ein
anderer ausgestreckt und schlief, während andere, die
ebenfalls ausgestreckt lagen, den Kopf in die Hand
gestemmt nach uns aufschauten. An der Thüre auf
einem Stuhle saß ein junger Mann, rothwangig und
blond; er hat noch vor Kurzem in Wien studirt und
war bei seiner Gefangennehmung ein alter Mann mit
grauem Haar und grauem Bart gewesen. Die
Kroaten mit ihren eng anliegenden Beinkleidern und
schmutzigen Hemden, die Füße mit Lumpen umwunden,
hatten eine ganz fremdartige Gesichtsbildung; schmale
Stirn, braune Augen, aufgestülpte Nase, Mund und

Kinn nicht unebel, schwarze Haare und dunkle Ge=
sichtsfarbe. Außer dem Bewußtsein der Gefangen=
schaft, das wol schwerlich tief ging, lag auf ihrem
Antlitze noch jener unnennbare Zug der Wehmuth, der
aus einem Menschenantlitze herausblickt, in dem das
freie Menschenthum noch nicht hervor entwickelt ist.
Die Naturphilosophen finden diesen Zug auch in den
edeln Thiergattungen, besonders in der Physiognomie
der Hunde. Ich spreche das hier ohne irgend andere
Beziehung aus und nur um anzudeuten, was ich un=
ter jenem wehmüthigen Bann auf den Gesichtern ver=
stehe. Ich muß bekennen, mich machte es tief traurig,
diese schuldlosen Menschen von einem fecken Intrigan=
ten zu Mord und Raserei aus ihren Steppen heraus=
gelockt zu sehen. Ein Bekannter, der kroatisch ver=
stand, erzählte mir, diese armen Kerle waren in dem
festen Glauben, sie ständen vor Pesth, um solches zu
erobern und sie wunderten sich sehr, daß die Leute hier
keine gestickten Hosen haben wie die Ungarn. Je=
lachich hat seine Horden die Kreuz und die Quer ge=
führt, bis sie endlich vor einer großen Stadt Halt
machten. Das ist Buda=Pesth hieß es, das müßt

ihr nehmen und plündern. Was brauchten die armen
Schelme zu wissen, daß die Stadt Wien heißt? Sie
hatten nur zu schießen und zu schlagen.

Das also sind die Retter des Hauses Habsburg.
Hier ist das diplomatische Ränkespiel leicht.

Wir verließen das Zimmer. Auf dem Korridor
promenirte ein Mann in einem braunen Paletot mit
weißem Haupthaar, auf dem eine rothe goldgestickte
Hausmütze saß. Neben ihm ging ein schöner Student
mit großem braunem Barte, der sich sehr verbindlich
gegen den Alten benahm und sich mit ihm unterhielt.
Es war der ungarische Minister General Recsey, der
hier auf der Aula gefangen saß und sich, wie es schien,
gar nicht unbehaglich fühlte.

Wir gingen noch nach dem Untersuchungszimmer.
Dort saß ein Student an einem Katheder, das auf
ebenen Boden gestellt war; neben ihm der Protokoll=
führer. Ein Nationalgardist brachte eine Frauenge=
stalt zur Untersuchung, eine Erscheinung wie sie die
abentheuerlichste Phantasie nicht wunderlicher ausstaf=
firen kann. Ein abgeschossener zerdrückter grüner Sei=
denhut mit altmodisch langem Vordache, die Stirne in

ein rothes Tuch gebunden, ein blau gewesener kurzer
Seidenmantel, eine große braune Schürze, große
Männerstiefel an den Füßen, das zahnlose Gesicht
schmutzig grau, die dunkeln Augen immer verschmitzt
zudrückend, rasch sich hin und her bewegend und jeden
anlächelnd. Der Nationalgarbist hatte sie eben er-
tappt, als sie heimlich einem Manne einen Brief übergeben wollte, den er außerhalb der Stadt auf die Post
legen sollte. Er verhaftete sie sammt dem Briefe und
brachte sie hierher. Der Brief war von einer feinen
Frauenhand an die Gräfin Bathiany in Ischl. Seinen
Inhalt konnte ich nicht erfahren. Die Vermuthung
lag zur Hand, daß das ein verkleideter Mann sei.
Sie mußte Hut und Kopftuch abnehmen und kurze
schwarze Haare quollen wirr auseinander. Herbeige-
kommene übergegangene Grenabiere erkannten sie aber
als eine Marketenderin und sie gab nun an, daß ihr
Name Antonie Edle von Höpfner sei, daß sie mit vier
Kindern gesegnet, wobei sie vier Finger zum Himmel
hob u. s. w. Ich erfuhr weiter nicht was aus dieser
seltsamen Erscheinung geworden, denn im Hofe der
Aula brauste und toste es wie ein Sturm. Man

hatte die Leiche eines Studenten gebracht, die man
nach dem Abzuge des Militärs vom Belvedere dort
gefunden. Die Leiche war schauderhaft verstümmelt,
die Zunge ausgeschnitten, die Augen ausgestochen,
der Mund aufgeschlitzt bis zu den Ohren, die Nase
abgehackt, der Bauch aufgeschlitzt, alle Raserei des
zum Ungeheuer gewordenen Menschen war verübt.
Ein Heulen und Racherufen, herzerschütternd wie
noch nie, hörte ich hier. Die Frauen zerflossen in
Thränen und Wehklagen, und die Männer, nicht
Studenten, nicht Proletarier, hoben ihre Waffen
zum Himmel und schwuren Rache an dem Hause
Habsburg und an Ferdinand dem Gütigen. Ich sah
einen alten wohlbeleibten Mann, die hellen Thränen
liefen ihm über die Wangen und er konnte nur nach
heiser die Worte rufen: „Rache an Habsburg! So
läßt uns der gute Kaiser ermorden, weil ein Einziger
ermordet worden." Ich sah hier das empörte Herz
des gutmüthigsten Volkes und erkannte wohin man
es treiben kann durch schmählichen Verrath. „Zum
Reichstag! zum Reichstag!" erschollen plötzlich die
Stimmen und zum Reichstag! schrie Alles. Mit

einer schwarzen Fahne vorauf trug man die Leiche hin,
die Reichstagsmitglieder mußten sehen, wie die Trup=
pen des Kaisers mit seinem Volke umgingen. Schuselka
kam herab und beruhigte mit wenigen Worten das
zum Aeußersten gereizte Volk und als der Abge=
ordnete Fürst Lubomirski die Leiche sah, verfiel er
plötzlich in Wahnsinn und „o Jelachich! o Jelachich!“
soll sein Ruf gelautet haben, bevor er in Raserei
verfiel.

Wir kehrten nach dem Centralkomitee der demo=
kratischen Vereine zurück, wir waren kaum dort, als
ein Mann, der eine ziemliche Rolle gespielt hat,
schäumend vor Wuth hereinstürzt und aus aller Kraft
ruft: „Spißhütl ist Kommandant! das darf er nicht
sein oder ich lasse ihn ermorden durch meine Arbeiter!
Ich war bei dem Studentenkomitee, sie werden auch
protestiren, sie müssen. Jetzt hinaus, agitirt, regt
auf, keine Ruhe, Spißhütl muß abdanken, er ist ein
Schwarzgelber!“

Ich gestehe, mir wurde schwindlich auf den hoch=
gehenden Wellen des Revolutionssturmes. Ich war
wie zerschlagen von alle dem, was ich heut gesehen

und erlebt. Es bedarf wol anderer Organisationen, um solchen vielleicht nothwendigen Terrorismus des Revolutionslebens mit ins Werk zu setzen und in ihm zu stehen. Dabei ist aber auch wohl zu beachten, daß die leidenschaftliche Entzündung der Gemüther nicht blos aus dem Eifer für die Allgemeininteressen entsteht, sondern mit diesem zugleich auch aus persönlicher Reibung, aus dem Kampfe Mann gegen Mann. Diese Erhitzung muß auch dem noch so theilnahmvollen Fremden entgehen, denn er kennt nicht die Personen, sondern nur die streitenden Richtungen, ihm fehlen die Voraussetzungen, die Plänkeleien, die schon lange die folgende Schlacht ankündigten und nothwendig machten.

Ich möchte bei dieser Betrachtungsweise auch noch auf hunderterlei andere Vorkommnisse hinweisen, die leicht von denen zu hart und scharf beurtheilt werden, die nur den Kampf im großen Ganzen übersehen und nicht mit im Einzelstreite standen....

Man gewöhnt sich mitten in der Revolution an die außerordentlichsten Ereignisse, und was uns sonst Tage lang niederbrücken und mit ein und derselben

Stimmung erfüllen könnte, wird von der nächsten Welle weggespült.

Wir müssen uns in heutiger Zeit für lange daran gewöhnen, auf der Lokomotive zu wohnen und mitten unter Keuchen und Brausen Stärke in uns sammeln.

Ich hatte meinen steierschen Befreundeten ver= sprochen, sie im Bierhaus „zur Linde" zu treffen. Dort saßen wir nun am Abend im ruhigen Gespräche. Man muß anhalten wie der Reiter auf flüchtigem Rosse, der sich einen Trunk reichen läßt und dann wieder davonjagt; aber wer hält Zaum und Zügel der großen Massenbewegung in der Hand? und wie ist sie geschult?

Es war bald 11 Uhr, als ein Steierer ankam und seine Kameraden einlud zum Zeugnißablegen auf die Aula zu kommen. Ich ging nochmals hin. Wir kamen zuerst in das Zimmer, wo das permanente Komitee Sitzung hielt. Die Arbeit hörte noch nicht auf. Hofer präsidirte noch, und die Art, wie er in den Mantel gehüllt sich auf die Klingel stützte, zeigte, daß er wol sehr ermattet war aber nicht nachgab. Rings herum saßen die Meisten mit dem Gewehr im Schoße

und debattirten. Ein junges Blut am untern Ende
des Tisches war eingeschlafen und seine Stirne lag
auf dem Schaft einer Reiterpistole. Ein großer Krug
mit Wasser stand mit Gläsern auf einem kleinen
Nebentische, sonst gab es keine Getränke, die Zigarren
hielten wach. Es kommt den jungen Männern nicht
ein und sie halten strenge darauf, daß ihr ernstes Amt
auch nicht im Entferntesten in einen burschikosen Com=
mers ausarte.

Wir wurden nach dem Untersuchungszimmer be=
schieden. Neben dem Katheder saß ein schmucker
wohlgenährter steierer Jäger in der grauen Uniform
mit grünen Aufschlägen. Er zwirbelte seinen Schnurr=
bart rechts und links, rauchte seine Zigarre ruhig fort
und spuckte von Zeit zu Zeit weithin aus. Er hatte
den grünen Hut mit dem Gemsbart aufbehalten und
schaute keck unter den Anwesenden umher. Um die
Hüfte hatte er nur noch den Gurt, aber keinen Hirsch=
fänger mehr. Er gehörte zu den Freiwilligen, die sich
in Gratz hatten für den italienischen Krieg anwerben
lassen, und war nun mit seinen sechzig Mann Wien
zu Hülfe geeilt. Hier aber hatte er mit den Auersper=

gischen Truppen Verbindungen einzuleiten gesucht und
überhaupt manches Verdächtige begangen. Er benahm
sich während der ganzen Untersuchung keck und weg=
werfend, und als er bei dem Protokoll seinen Namen
angab, setzte er unter dem schallenden Gelächter aller
Anwesenden hinzu: „Schreiben Sie auch: kaiserlich=
königlicher Oberjäger."

Während der ganzen Untersuchung trippelte im
Hintergrunde des Zimmers ein frisch eingebrachter
gefangener Soldat auf einem Strohlager in kurzen
Sätzen wie eine Hyäne im Käfig immer hin und her
und grinste dabei stets halb gutmüthig, halb schelmisch.
Der kaiserlich königliche Oberjäger und der Soldat
wurden nun vorläufig in Gewahrsam gebracht.

Als wir nach Mitternacht nach Hause gingen,
hörten wir, daß Spitzhütl schon nach einer Stunde
abgedankt habe und Wenzel Messenhauser, ein De=
mokrat vom reinsten Wasser, der ehemals Offizier ge=
wesen war und sich jetzt der Schriftstellerei befleißigte,
zum Oberkommandant ernannt sei.

den 13. Oktober.

Der Präsident Smolka ersucht im Reichstage die
Journalisten und das ganze Haus, über das gräßliche
Schicksal Lubomirski's vorerst nichts in die Zeitungen
zu bringen, damit die Familie den Schlag nicht zuerst
aus der Oeffentlichkeit erfahre. Von den Journalisten
war schon vorher ein Rundschreiben zur Einhaltung
solcher Diskretion in Umlauf gesetzt worden.

Von den Ungarn ist eine sehr warme Adresse an
den Reichstag eingegangen, die in „freier Bruderliebe"
die „treue Bruderhand" bietet. Sie wollen Jelachich
auf österreichischem Boden schlagen und sobald es der
Reichstag befiehlt, Halt machen. Schuselka berichtet,
daß in den Provinzialblättern die Wiener Zustände auf
das Schmählichste entstellt würden, als herrsche dort
Anarchie und Mordbrennerei, während doch die Haltung der sogenannten unteren Volksklassen eine wahrhaft bewundernswerthe ist. (Aber freilich, man muß
draußen schreien: Anarchie! um drauf losschlagen zu
können). Außer den Steierern sind auch aus Salzburg zwei Professoren mit den Studenten angekommen. Vertrauensadressen aus vielen Städten gehen

beim Reichstage ein. Jelachich erklärt nun, daß er auf die Nachricht von der Lage Wiens angerückt sei.

Das erste Plakat von Messenhauser ist da; er spricht von den Stunden, „wo jeder Tag ein Blatt der Weltgeschichte füllt" und dann „versenken wir trübe Erinnerungen in den ewigen Strom des Ver= gessens." Ich kann nicht begreifen, wie man noch solche abgenutzte Phrasenschablonen anwenden mag, aber jemehr ich unter den Lesenden aufmerksam be= obachte umsomehr sehe ich, daß derartiges Wortge= trommel hier noch gewaltigen Eindruck macht. Es ist ein kindliches Volk und ein südliches zugleich. Die Reden und die Bewegungen bei demselben, selbst unter einfacheren Menschen, stechen sehr gegen das Nor= dische ab; man wird ungerecht, wenn man die südliche Erregtheit nicht überall in Anschlag bringt, die sich dennoch mit einer breitspurigen Behaglichkeit verbindet. Da steht eine heftig debattirende Gruppe beim Stock am Eisen. Ein Mann zündet sich bei seinem Nachbar vorher ruhig seine Zigarre an, steckt sie in die bereit gehaltene Meerschaumspitze und spricht dann mit blut= dürstiger Leidenschaftlichkeit gegen den Kaiser und Je=

lachich). Eine neugierige Frau kommt herbei, sie will auch was hören und während sie angespannt aufhorcht, strickt sie dabei weiter an einem Strumpfe.

Das Gerücht, daß Windischgräz Truppen gegen Wien sammle, erhizt alle Gemüther aufs Neue. Es scheint Vielen unglaublich, aber was ist heutigen Tages unglaublich? Die Gerüchte sind heutigen Tages die vorausgehenden Schatten der Ereignisse.

Am Abend erfuhr man im Reichstage aus der Berichterstattung Schuselka's, daß Löhner mit seiner Mission beim Kaiser noch nicht vorgelassen, die frühere Deputation aber eine Audienz gehabt. Von Jelachich ist abermals eine Zuschrift angelangt, daß er nichts Feindliches im Schilde führe, sondern nur seine Bürgerpflicht zur Bekämpfung der Anarchie üben wolle. Es wird ihm geantwortet, daß in Wien keine Anarchie herrsche und kein Kampf entstehen würde, wenn er abziehe und es wird Jelachich bedeutet, daß seine Entwaffnung der Nationalgarden mit seinen Worten im Widerspruch stehe.

Borrosch legt die von ihm beantragte Adresse vor, in der der Kaiser um Zusammenberufung eines Völ-

7*

kerkongreſſes als einzigen Rettungsmittels angegangen
wird. Man nimmt die Adreſſe an und doch, wer
kann eine Hoffnung darauf bauen? Völkerkongreß!
das iſt eines jener hochtrabenden Worte, die ſich zu
rechter Zeit einſtellen, wenn es an wirklichen Hand=
haben fehlt. Völkerkongreß! Gewiß, man muß doch
am Ende Friede ſchließen nach ausgefochtener Schlacht;
warum ſollte man nicht gleich vorher eben ſo gut thun
können. Verändert die Zahl der Gefallenen etwas an
der rationellen Kraft der Motive? Aber die Menſch=
heit iſt nun einmal ſo angethan, daß erſt nachdem die
Völker blutig mit einander gerungen, ſie ſich zur noth=
gebrungenen Verſtändigung neigen. Es wäre zu wün=
ſchen, daß die Humanität uns eine andere Sachlage
darböte; aber ſind Wünſche Thatſachen? Man nahm
wol dieſe neue Adreſſe nur an, um auch dieſes Mit=
tel verſucht zu haben, obgleich wol wenige eine Hoff=
nung darauf ſetzten.

den 14. Oktober.

Iſt es marionettenhaft oder ſtarrſinnig? das kann
kaum die Frage ſein. Der Abgeordnete Peitler be=

richtet im Reichstage von der Audienz beim Kaiser. Die Deputation mußte zuerst in einem Vorzimmer im Erdgeschosse auf Anordnung des Grafen Laszanski lange warten. Selbst die Nationalgarde war empört über diese Behandlungsweise; endlich um Ein Uhr Nachts wurde sie vorgelassen. Lobkowitz und der Erzherzog Karl waren außer dem Kaiser zugegen. Der Kaiser warf kaum einen Blick in die vorgelegte Adresse, zog dann ein Papier aus der Brusttasche, las es ab (es enthielt fast dieselben Worte vom **7.** aus Schönbrunn) und nachdem die Majestät das Papier gelesen, zog sie sich zurück.

Man bleibt am Hofe immer auf demselben Punkte stehen.

Wie auf der Straße die Barrikaden noch immer permanent sind, so bilden sich auch so zu sagen permanente Barrikaden in den Gemüthern. Was soll aus dieser Auflehnung werden?

Wien muß sich vertheidigen gegen die Horden Jelachich's. Auf den Vorposten knallen Schüsse, so oft sich ein Kroat in die Tragweite einer Kugel wagt. Vertheidigen — das ists, worauf man Wien gedrängt.

Es bilden sich mobile Freikorps, in den Kaffeehäusern wird geworben und eingeschrieben, ebenso in dem Wirthshause „zur Ente" und auf der Universität.

Man lebt in beständiger Spannung, vor der Mündung einer geladenen Kanone. Wer wäre so nüchtern und kalt, die einzelnen eigenthümlichen Merkmale der leidenschaftlichen Erregung festzuhalten? Man wird selber mit hineingerissen in die Gesammt=stimmung.

In der Nachmittagssitzung des Reichstages be=richtet Schuselka abermals über neue Beistimmungs=adressen von Städten und Dörfern. Pillersdorf, der außerhalb der Linie war und verhindert wurde, in den Reichstag zu kommen, ließ sich in das Haupt=quartier bringen, wo Auersperg und Jelachich sich vereinigt hatten. Ihm ward eine Zuschrift an den Reichstag eingehändigt, wonach dieser den Einmarsch der Ungarn verhindern solle und dagegen solle die Zufuhr von Lebensmitteln in die Stadt wieder frei sein. Schuselka verließt die Antwort hierauf, daß man den Kaiser um Friedensvermittelungen gebeten habe, Lobkowitz hatte den Deputationen versichert,

Jelachich werde nicht feindlich sein, aber das Abschnei=
den der Zufuhr, das Entwaffnen der Nationalgarden
sind feindliche Thaten. Jelachich müsse sich zurück=
ziehen, dann werden die Ungarn auch nicht weiter
vorrücken, das belagerte Wien kann sie nicht wegbe=
kretiren. Mit großer sittlicher Entrüstung spricht der
Pole Feoborowicz über das Benehmen der Machthaber.
Es liegt in der Empfindungs= und Ausdrucksweise
dieser Polen etwas eigenthümlich Anziehendes. Sie
sprechen eine fremde Sprache, der Akzent ist fremb=
lautend, die Wortfügung selbstgeschaffen; dadurch
erhält alles Ausgesprochene etwas Ursprüngliches,
wie aus kindlich reinem Herzen Entsprungenes. Man
sieht gleichsam den ausgebildeten Geist mit den überall neckenden Formen der Sprache ringen und der
Gedanke die Empfindung kommt endlich ohne alles
Phrasenbeiwerk zu Tage. Man sieht es, daß man
hier hinabsteigen muß in den Schacht der Seele,
dort neue Barren lösen und nicht mit ausgeprägter,
oft abgegriffener Scheidemünze um sich werfen kann.
Während bei einem eingebornen Redner die Anzeichen
seiner Unbeholfenheit durch die Furcht vor derselben

in dem Hörer eine Mißstimmung, eine bange Unruhe hervorbringt, erzeugt die Unbeholfenheit hier bei einem Fremden eine liebevolle Hinneigung. Man streckt gleichsam die Hände aus um den, der sich auf fremden Boden nur schwer bewegen kann, bei etwaigem Falle schnell in die Arme zu nehmen. Diese Empfindung kommt uns im sozialen Leben oft vor, daß wir Gedanken die von einem Ausländer in unserer eigenen Sprache dürftig ausgedrückt werden, eben dadurch höher halten. Wie weit mehr ist das hier, wo wir Männer mit aller Hingebung sich der Freigestaltung eines Staatslebens widmen sehen.

Die Polen, die im Reichstage mehrmals mit den Czechen eine Convention eingegangen hatten, erkannten später, daß sie in eine falsche Stellung gerathen waren. Das deutsche Wesen und die Demokratie die von uns ausgeht, muß ihre natürliche Stütze sein und darum harren sie auch jetzt getreulich aus in der peinlichen Lage, in die das Volk von der einen weit mehr aber der Hof von der andern den Reichstag versetzte.

den 15. Oktober.

Das ist nun der zweite Sonntag an dem keine Glocken läuteten. Die Kirchgänger und darunter besonders Frauen wandelten still nach den Kirchen. Der gewaltige St. Stephan hat bei Tag und bei Nacht Sturm geläutet und es will sich ihm nicht schicken zum Beten zu rufen. Auf der Straße Alles bewaffnet, man sieht keine Kinder, die lebendigen Zeugen der Harmlosigkeit sind eingeschlossen oder geflüchtet. Man möchte sich in die Kinderseelen versenken, die unter solchen Eindrücken sich entfalten; aber der Geist kann kaum das fassen, was ihm die ewig wechselnde Anschauung der Stunde bietet. Man erwartete heute einen entscheidenden Kampf, er ist nicht eingetroffen. Man gewöhnt sich nach und nach an diesen Zustand, man lernt im kleinen wie im großen Leben, sich zwischen Thür und Angel einrichten. Das war auch heute die Stimmung im Reichstage. Pillersdorf verlangte, daß man in der regelmäßigen Arbeit in der Fortberathung der Grundrechte weiter gehen möchte. Das werde auch der Stadt Ruhe einflößen. Mehrere Abgeordnete weisen nach, wie

in auswärtigen Blättern die Zustände von Wien
geflissentlich entstellt werden, wie namentlich das
aberwitzige Mährchen, daß die Mörder Latours vom
Reichstage freundlich empfangen wurden, in aus=
wärtigen Blättern als Thatsache hingestellt wird.
Es wird darüber debattirt, ob man solche Verleum=
dungen widerlegen soll. Borrosch will zu diesem
Behufe nur eine einfache Darstellung des 6. Oktobers.
Schuselka hält es nicht in der Aufgabe des Reichs=
tages, jetzt Geschichtschreiber zu sein, es müsse der
wahrheitsgetreuen Presse selbst überlassen bleiben,
die Verleumdungen zu vernichten. Das wird ange=
nommen.

Während der Pausen in den Thatsachen oder in
der innern Arbeit ist man leicht geneigt, Figuren zu
zeichnen. Hier einige.

Pillersdorf, ein hoher schlanker Fünfziger mit
hoher Stirne, deren Begrenzung durch die Glatze
nicht mehr zu bestimmen ist, gehört entschieden zu den
bedeutendsten Talenten des Reichstags. Alle seine
Äußerungen bekunden staatsmännische Ruhe und festen
Blick. Sein Gang zeigt, daß er oft im Salon, in

der Staatsuniform repräsentirte. Er bewegt sich in bürgerlicher Kleidung wie ein Soldat, der die Uniform abgelegt hat. So oft er spricht erfolgt angehaltene Ruhe. Sein unschönes Organ, das die Worte etwas wälzt und kaut, vermag keinen lebhaften Eindruck zu machen, aber in seinen Darstellungen ordnet er die Thatsachen und verschiedenen Meinungen mit fester Bestimmtheit. Er einregistrirt sie wie in einem Büreau, das dahin, das dorthin, es ist Alles wieder leicht aufzufinden. Er hat sich in diesen Tagen wieder die Popularität erobert, die er im Mai als Minister verloren hatte. Seine Ernennung zum Vicepräsidenten begrüßten selbst die Radikalisten auf der Journalisten= loge mit Jubel. Man hatte damit einen festen Schild der wühlerischen Hofpartei gegenüber. Allgemein wird die genaue Kenntniß Pillersdorfs im ganzen österreichischen Staatshaushalte hoch angeschlagen. Und so oft der Reichstag beisammen ist, sieht man danach, ob Pillersdorf auf seinem Platze, den er im rechten Zentrum hat. Unter Metternich bereits in der liberalen Opposition stehend, hat sich in ihm eine Geschmeidigkeit, ja eine gewisse Weichheit des We=

sens ausgebildet. Ich habe mehrere derartige Naturen
kennen gelernt, die, unter Metternich schon die Frei-
sinnigkeit huldigend, nicht einen stahlharten Charakter
in sich ausbildeten, sondern im Gegentheil eine gewisse elegische Weichheit. Es ist das ein eigenthümliches Ergebniß der besonderen österreichischen Zustände
und des allgemeinen Volkscharakters. Im Zusammenhange damit haben sich auch in der Poesie der vergangenen Zeit in Oesterreich die bedeutendsten Reprä-
sentanten der Elegie und des Weltschmerzes gefunden.
So heterogen es erscheinen mag, die eigenthümlich
offene Eindrucksfähigkeit, die sich in Pillersdorf findet,
die ihn nicht starr und schroff in sich gehalten sein
läßt, hängt mit jener Hinneigung zur Elegie zusammen. Im protestantisch scharfen Norden haben
sich während der Sklaverei weit mehr trotzige wetter-
harte Naturen ausgebildet.

Ich setze einen andern Mann gegenüber. Da ist
Goldmark, ein junger Mann von der Bergpartei, von
untersetzter gedrungener Gestalt mit zu früh ergrauten
Haaren. Immer auf dem Anstand, immer schußfertig,
manchmal ins Schwarze treffend, oft auch in die Luft

verpuffend. Er hat etwas von der Rührigkeit Heckers
an sich, von seinem frischen Jugendmuthe, aber ihm
fehlt es an der hinreißenden Beredtsamkeit und den ge=
schickten Windungen, die dem gewandten Advokaten zu
Gebote stehen.

Da sitzt Füster, eine wohlgenährte echte Feld=
patersgestalt, der einreihige Rock bis an das Kinn
zugeknöpft, ohne Bedeutung in einem Reichstage,
predigerhaft; von Wirkung in Volksversammlungen.

Da ist Violand, ohne Zaum und Zügel in die
Debatte stürzend, muthig, aber ohne Talent. Der
Muth an sich hat aber hier auch seine Bedeutung mit=
ten unter einem Volke, das man so lange seines
Menschen= und Bürgerberufes vergessen machte.

Nicht weit davon Brestl, Professor der Mathe=
matik. Ein Mann in den ersten dreißiger Jahren von
Vertrauen erregendem Wesen, besonnen, ohne Eitel=
keit, man hofft in ihm den künftigen Kultusminister
zu sehen.

Im linken Centrum sitzen Löhner und Schuselka
bei einander. Löhner, eine hochgestreckte magere
Gestalt, abgehärmten Antlitzes mit dunkelm Barte,

offenkundig nervös reizbar. Löhner ist der begeistertste Idealist des Reichstages, voll dichterischen Schwunges, ebenso leicht hingerissen als hinreißend. Der höchste Enthusiasmus wird ihm gezollt, trotzdem, ich muß leider sagen trotzdem er das Banner der deutschen Einheit immer hoch erhoben hält. Zu tiefstem Schmerze erfährt man es täglich, daß in Bezug auf Deutschland hier noch immer keine Entschiedenheit sich herausbilden will. Löhner ist auch als Dichter bekannt unter dem Namen Karl von Morayn. Er ist Arzt.

In den Oesterreichischen Zuständen fällt es besonders auf, daß die Aerzte bei der jetzigen politischen Gestaltung eine Hauptrolle spielen. So Goldmark, Fischhof, Zimmer, Löhner. Es mag hier seinen Hauptgrund darin haben, daß die medicinische Wissenschaft in Oesterreich am meisten ausgebildet ist und so die besten Köpfe anzog und erzog, das Rechtsleben dagegen in sich vermodert war, wie in Oesterreich überhaupt kein freier Advokatenstand war, in welchem sich sonst immer das Tribunenthum seine Helden sucht.

Schuselka hat sich in diesen Tagen den höchsten Ruhm und die allseitigste Verehrung erworben. Seine

Berichterstattungen sind wahre Meisterstücke parlamen=
tarischer Erörterungen, ebenso voll Wärme als voll
Ruhe, ebenso entschieden als besonnen. Er ist nicht
nur jedes Wortes das er spricht, sondern auch jeder
Sylbe und deren Betonung Herr. Es gehört eine un=
gewöhnliche Ruhe dazu, in diesen Tagen als Herold
der aufregendsten Ereignisse und Stimmungen, die
Nüchternheit und männliche Haltung zu bewahren.

Ich kann Schuselka nicht weiter schildern, da wir
uns von früher her zu nahe stehen, man kann es jetzt
getrost seinen Feinden überlassen, die Darstellung seiner
Wirksamkeit zu übernehmen.

Um den guten Borrosch thut es mir leid, daß sein
Auftreten gar zu oft pedantisch=komisch ist. Schon
der hochgezwängte Kanzelton ist anwidernd, und wenn
er die Worte „Völker Oesterreichs!" ausspricht, ist es
gerade als ob er sie sammt und sonders aus seinem
Munde herausspazieren ließe. Es mag bezeichnend
für das ganze Wesen Borrosch's sein, daß er noch
immer seinen Platz auf der äußersten Rechten hat,
während er doch ganz und gar zur Linken gehört. Er
hat sich einmal dort hingesetzt und bleibt dort sitzen.

Borrofch ift eine grunbehrliche Natur, voll begeifterter Hingebung für die Menschheit, leicht entzündlich. Aus Prag kommend fürchtet er vor allem einen Racenkampf (man muß das Wort von ihm ausspre= chen hören, um sich noch mehr davor zu fürchten) und möchte ihn mit aller Macht der humanen Mittel „hintanhalten", wie man sich hier ausdrückt. Borrofch ift Autodidaft von umfassender Bildung, aber eben jenes läßt ihn oft in Trivialitäten gerathen, die feiner fonstigen Bedeutung nicht anstehen.

den 16. Oktober.

Messenhaufer hat ein langes Plakat an Jelachich erlassen, das eben so gut gemeint als verworren ist. Jelachich soll ihm sehr ironisch mündlich darauf haben antworten lassen. General Bem aus Lemberg, der bei Ostrolenfa so tapfer gefochten, hat die Leitung der militärischen Anordnungen übernommen.

Der Kaiser hat, wie im Reichstage verkündet wird, einer neuen Deputation gesagt: „die Bemühun= gen des Reichstages, der Anarchie entgegen zu wirken, erhielten seine „vollkommene Anerkennung" und er

werde dafür sorgen, daß der Reichstag ferner ungestört
berathen könne." Man thut also braußen noch immer,
als ob man die Anarchie zerstören und den Reichstag
frei machen müsse, während doch beides nicht nöthig ist.

Die Ungarn sind immer noch nicht da, dagegen
hatte Pulszki die Frechheit, in einer Zuschrift an den
permanenten Ausschuß des Reichstages diesem den
Rath zu geben, sich zur Schlichtung der obwaltenden
Wirren an die Centralgewalt in Frankfurt zu wenden.
Brauchen wir das von den Ungarn uns anrathen zu
lassen und ist das all ihre Hülfe die sie senden?·

Ich ging Nachmittags mit einigen Bekannten nach
dem Lager im Belvedere. Es war das herrlichste
Herbstwetter und draußen standen die Berge in glän=
zendem Herbstduft. Wer kann jetzt an ein frisches
freies Aufathmen auf Bergeshöhen denken? Die bun=
testen Gruppen lagen im Hofe geschaart, da wurde
gekocht und gebraten, getrunken und gesungen. Viele
Studenten waren aus der Legion ausgetreten und
hatten sich als Führer in der Mobilgarde bei den Ar=
beitern einschreiben lassen. Im großen Mittelsaale
des Schlosses, da wo die schönen Bildnisse der Maria

Auerbachs Tagebuch.   8

Theresia und ihres Gemahls waren, waren rings=
um Decken und Stroh gelegt, hier kampirte die
Brünner Nationalgarde. In den unteren Sälen
war das Oberkommando des General Bem. Schon
zischelte auf den Treppen und in dem Garten einer
dem andern zu, dem General Bem sei doch nicht
ganz zu trauen. Die unseligste Frucht solcher Aufge=
regtheiten ist oft die Verdächtigung. Verletzte Eitel=
keit, zurückgehaltene Tollkühnheit, Habsucht, säen sie
oft plötzlich aus und man weiß nicht woher sie ge=
kommen. Es ist so schwer, seine Wahrhaftigkeit und
Hingebung zu bethätigen, daß man gegen alle solche
Ausstreuungen mißtrauisch sein muß. Wie viel Kämpfe
muß es im Oberkommando bei Besetzung der Stellen
gegeben haben, wie leicht will da jeder der Erste sein!
Zu Rosse sitzen, mit dem grünen Federbusche auf dem
Hute, das thut wohl! Die wahrhaft demokratische
Gesinnung muß noch durchgearbeitet werden, damit
sich die Menschen leicht in untergeordneter Stellung
zufrieden geben und da ihren Platz ausfüllen.

Wenn der Kampf auf freiem Felde und auf der
Tribüne einst vollendet sein wird, dann erst wird sich

der wirkliche Gehalt der politischen Tugend auf's
Neue bewähren müssen, es wird dann stille unge-
sehene Thätigkeiten geben müssen, für die keine äußeren Auszeichnungen, kein Jubelruf und Beifallklatschen, keine Fackelzüge mehr da sind; wer dann in
unausgesetzter Thätigkeit aushält, der verdient sich
dann erst den Namen eines guten und freien Bürgers.

Da begegnen uns zwei Studenten, hoch zu Rosse
mit weißen Mänteln angethan, auf unserm Heimwege.
Sie sprengen nach dem Oberkommando. Du fröhliche
Jugend! du bist jetzt im Besitze aller Macht, alles
Glanzes und der offenen Ausbreitung der Thatkraft!
Wirst du einst ruhig ausdauern in den stillen Arbeits-
stuben, wo Niemand nach dir ausschaut? wirst du
nicht lässig werden, Tag für Tag zum Wohle deiner
Mitmenschen unbeachtete Thaten zu vollbringen, gehal-
ten in den strengen Linien des Gesetzes?

Wir wollen's hoffen.

Die Ungarn sollen nun doch wieder nahe sein.
Messenhauser hat es bestimmt versichert. Ich lege mich
schlafen und will warten.

8*

den 17. Oktober.

Das war ein merkwürdiger Tag. Im Reichstage wurde ein Gesetz zum Schutze der Deputirten abgelehnt und Borrosch bemerkte richtig, es könne nur dazu dienen, um gegen die Anarchie oder die Reaktion zu schützen. Jene sei nicht zu fürchten, da Wien trotz der allgemeinen Bewaffnung keine Spur davon zeigt, die Reaktion aber werde sich an kein Gesetz kehren. Schuselka berichtet, daß eine Deputation der Frankfurter Linken, bestehend aus Robert Blum, Fröbel, Hartmann und Trampusch, angekommen sei und eine Adresse überreicht habe. Der zurückgekehrte Löhner bezeichnet die Stimmung am Hofe als „ein Gemisch von Furcht und reaktionären Gelüsten." Löhner's Deutschheit will, daß man sich an den Reichsverweser als Vermittler wende. Es werden immer mehr Truppen gegen Wien gezogen, man wendet sich nochmals mit einer Adresse an den Kaiser, daß nur diese Truppen Unruhe in Wien hervorrufen, die sonst dort nicht sei.

Ich war auf der Journalistenloge, als ein Bekannter mir sagte, die Frankfurter Deputirten seien drüben auf der Fremden-Gallerie und wünschten mich zu sprechen. Wir trafen uns im Korridor und bestellten uns zu gemeinsamen Mittagstische im Gasthause „zum rothen Igel." Dort war nun ein gutes Häuflein Demo- kraten versammelt. Alles drängte sich um Robert Blum, in den Jellinek viel hineinredete. Doktor Becher, den ich hier zum erstenmal sprach, speiste mit einer Frau und einem rührigen hübschen blonden Knaben. Er war sehr begeistert für den von Borrosch vorgeschlage- nen Völkerkongreß.

Zu meinem tiefen Schmerze bemerkte ich, daß auch hier keine älteren angesessenen Bürger in den ersten Reihen der Demokratie zu finden waren. Es waren meist jüngere Leute, Doktoren, Studenten. Es schmerzt mich, dies Geständniß zu machen, aber die Wahrheit über Alles. Hier wie anderwärts klammert sich das Bürgerthum, der eigentliche Kern des Volkes, an die konstitutionelle Monarchie und perhorrescirt die Republik, nicht aus Liebe zu den Fürsten, sondern aus Furcht vor der Demokratie und einzelnen Vertretern derselben, nicht aus Anhänglichkeit an das Bestehende, sondern aus Angst vor dem was nachkommen soll. Ueberall sind maulfertige Menschen von verlorner

Stellung unter die Demokraten gegangen und das
schreckt nothwendig den Bürgersmann. Ich weiß
wohl, ein Tugendrigorismus ist in der Politik unstatt-
haft, aber wenn die Demokratie unterliegt, kommt es
vornehmlich daher, daß man es unreinen Händen
überlassen hat, die heilige Sache der Volksfreiheit
an sich zu reißen und daß jene Menschen in verlorner Stellung, eben weil sie bereit sind jeden
Augenblick Alles daran zu setzen, die Massen auf-
stachelten und sie zum Schreckbilde für das Bürgerthum
machten.

Die Frankfurter Ankömmlinge wollten mir nicht
glauben, daß die Bewegung hier weder eine republi-
kanische, noch streng genommen eine national-deutsche
ist. Man lernt in unsern Tagen bald davon abstehen,
seine Ueberzeugung Anderen einzuflößen. Jeder hört
nur, was er hören will.

Morgen, morgen, heißt es, ist der entscheidende
Tag. Wird der 18. October auf's Neue roth ange-
schrieben werden? Es wird entschieden versichert, die
Ungarn seien in der Nähe.

den 18. Oktober.

Die Adresse der Frankfurter Linken, die an den Ecken angeschlagen, vermag unter den Lesenden keine erhöhte Stimmung hervorzurufen. Wie wäre das auch möglich hier, wo schon alle Saiten auf das Höchste gespannt sind. Die Abgesandten überbringen den Brudergruß und sagen: „Wir preisen uns glücklich in diesem verhängnißvollen Augenblick in eurer Mitte zu weilen und wenn es das Schicksal will, eure Gefahren zu theilen, mit euch zu stehen und zu fallen."

Das jedoch ist bewirkt, daß ein Aufschauen nach Deutschland allgemeiner zu werden scheint; wo man hinlauscht, hört man davon sprechen, daß Deutschland den Einfall Jelachich's abwenden müsse, und das Studentenkomitee hat, wie ich höre, eine demgemäße Adresse nach Frankfurt abgesandt. Jetzt oder nie wäre es wol möglich, die innersten Sympathien Oesterreichs für Deutschland zu erwecken. Alles schaut verlangend nach einem Mittler, nach einem Erlöser auf.

Im Reichstage zeigt es sich aber wie schwer es ist, in dem hier vertretenen Völkergemengsel eine Ansprache zu gewinnen, deren unbedingtes Verständniß in allen

Gauen sich bestimmen ließe. In der Abresse an die gesammten Völker sollte es heißen: „Völker, erhebt euch mit eurer moralischen Macht u. s. w." Gegen diese Worte erhoben sich besonders die Polen, die von denselben ein Mißverständniß und eine Erhebung ähnlich der von 1846 zu fürchten schienen. Die Ansprache wurde daher nochmals einer Kommission übergeben.

Die Stellung des Reichstages ist eine unendlich schwierige. Der 6. Oktober war eigentlich keine Revolution, er änderte nichts in den bestehenden Staatsgewalten: der Kaiser blieb, der Reichstag blieb, und nur an Einem Minister wurde die gräßliche Volksjustiz vollzogen. Der Kaiser entfloh, der Reichstag harrte aus und ihm sind alle Sympathien der Stadt und des Landes zugewendet. Der Reichstag übernahm das Amt der Vermittelung, es schien Anfangs zu gelingen, dann durch die Flucht des Kaisers vereitelt zu werden, aber noch baut man darauf alle Hoffnungen. Alles wendet sich an den Reichstag, Alles soll durch ihn autorisirt werden. Ich hörte eins der einflußreichsten Mitglieder des Reichstages, einem Parteihaupte das zur Anrufung der Ungarn und dem Aufgebote des

Landsturmes drängen wollte, scharf erwidern: „Gut, wenn ihr wirklich Revolution habt und wollt, so sprengt den Reichstag und setzt eine provisorische Regierung ein; wir aber, so lange wir als Reichstag bestehen, verlassen den konstitutionell legalen Boden nicht."

Hier ist nun die heillose Verwirrung der jüngsten Tage zu ihrer sichtbaren Spitze getrieben. Seit Monaten verlangt man in Klubs und Volksversammlungen von den verschiedenen Reichstagen: sie sollten eine neue Revolution machen, das vollenden was das Volk nicht ausführte. Daher die Phrasen von der permanenten Revolution und daß die Reichstage auf dem Boden der Revolution stünden. Die Reichstage stehen aber nicht auf dem Boden der Revolution, diese ist nur ihr Rechtstitel von der sich ihre Macht schreibt, ihr Bestehen aber ist der erste Eintritt der Organisation. Der Reichstag ist nur das Ergebniß der vom Volke gemachten Revolution und so weit diese gediehen ist, er ist aber nie und nimmer die Revolution selbst.

Weil die Ultra's hier fühlen, daß der Reichstag

die politische Willenskraft des Volkes in sich vereinigt
und weil er ihren Anmuthungen unbeugsam wider=
steht, darum wenden sich auch schon einzelne radikale
Blätter gegen den Reichstag und verhöhnen sein Fest=
stehen auf dem legalen Boden. Es ist wahrhaft
lächerlich, daß die Revolutionsmänner eine autorisirte
Revolution wollen. Freilich fühlen sie wohl, daß sie aus
sich unmächtig sind und nicht einmal fünf Namen zu einer
provisorischen Regierung aus sich aufbringen könnten.

Wenn man ihnen das vorhält, so erwidern sie:
die Revolution wird schon bedeutende Menschen aus
sich herausbilden, allbezwingende Charaktere; als
ob man nicht schon jetzt solche Hoffnungssterne ·wenn
auch noch matt schimmern sehen müßte, als ob eine
Revolution eine neue Weltschöpfung wäre und nicht
auf schon vorhandene Männer zählen müßte. Jetzt
heißt es einstweilen nur alles Metall in den Kessel ge=
worfen, in Fluß gebracht; die Form wird sich schon
später finden, tröstet man sich sorglos. Die Lust des
Kampfes ist das einzig vorherrschende. Kämpfen!
kämpfen! heißt es, später wird sich dann schon alles
zeigen, tröstet man leichtfertig.

Der Reichstag hat die mißliche Doppelstellung, die immer einem Vermittler zu Theil wird und doch konnte er nicht anders handeln, wenn nicht alles in Grund und Boden versinken sollte. Die Revolutions= partei erwartet vom Reichstage, daß er ihr den Stempel und die Fahne gebe, es giebt eine solche, die sich andrerseits mit der Legalität vereinigen läßt, sie hieße: Deutsch sein und deutsch werden. Aber der Reichstag ist nur durch die Anwesenheit der Polen in beschlußfähiger Anzahl und hier zeigt sich wieder das seltsame Geschick Oesterreichs. Pflanzte der Reichs= tag das Deutschthum auf, so hörte er auf ein specifisch österreichischer zu sein, und wäre diese ganze Oktober= bewegung offen ausgesprochen eine deutsche gegenüber der slavisch=czechischen, so hätten die Abgeordneten aus nichtdeutschen Provinzen keine Pflicht und keine Sympathie mehr auf ihrem Posten auszuharren und es bliebe eine kleine beschlußunfähige Minorität.

Darum mußte die Revolution, zu der man höfischer Seits Wien drängt, sich selber eine Fahne erobern. Republik, das gestehen alle Parteiführer ein, darf man nicht auf das Banner sticken. Die

ganze hiesige Journalistik, die doch gewiß nichts von
Zurückhaltung weiß, hat während dieser ganzen Zeit
das Wort noch nicht ausgesprochen oder es gar zum
Schlachtruf erhoben, man erkennt die Unmöglichkeit
seiner Verwirklichung in einem Oesterreich.

den 19. Oktober.

Ein Gerücht durchläuft die Stadt, die Depu=
tirten Welcker und Mosle sind als Reichskommissäre
aus Frankfurt angekommen. Ich suchte Welcker
überall auf, ich wollte ihm meine Beobachtungen der
hiesigen Tagesereignisse mittheilen, ich glaube einen
genugsam unbefangenen Standpunkt inne zu haben;
aber weder im permanenten Ausschuß des Reichstages
noch im Gemeinderathe oder sonst wo wußte man
etwas Bestimmtes von der Ankunft der Reichskom=
missäre. Anderseits hieß es sie seien alsbald wieder
abgereist, ohne Jemand officiell gesprochen zu haben.
Das scheint kaum glaublich. Hier mußten sie sich von
dem Thatbestande überzeugen, um vermitteln zu
können.

Ich war heute noch einmal mit einem Freunde

draußen in den Vorstädten, wer weiß wie lange das noch möglich sein wird. Auf dem Glacis weiden Heerden grauer Ochsen mit den großen spitzen Hörnern, wir sind also doch noch wohl versorgt, wenn wir bald eingeschlossen werden und nichts mehr von Außen erhalten sollten. Die Zeitlose stand schon allein auf den Wiesen, der Mensch weiß mitten im Kampfe nichts von dem Naturleben um ihn her. Die Thiere derselben Gattung ermorden einander nicht, nur der Mensch mordet den Menschen und dieses Thun wird ihm zur Lust. Ein blinder Orgelmann am Wege sah sich bald von einer großen Gruppe Menschen umgeben, da wir uns nach seinem Schicksale erkundigten und der Freund die ausgehängte Bitte des Invaliden wegen ihres treuherzigen Tones abschrieb. In allen Aeußerungen die wir hörten, offenbarte sich eine liebevolle Gutmüthigkeit.

Auffallend ist mir, daß hier die Bettelkinder nicht so klettenartig zudringlich sind, wie dies namentlich in Norddeutschland der Fall ist. Weist man hier ein derartiges Kind kurz ab, so tritt es zurück und hängt sich nicht mit fortwährendem Gewinsel an dich. Ich habe

das mehrmals erfahren und es zeigt das von einer noch
frischen Wohlthätigkeit auf der einen und von einer
naiven Resignation auf der andern Seite.

In den Vorstädten herrschte das alte harmlose
Leben; wir sahen sogar an einem Laden, daß die Leute
noch ruhig und emsig in das Lotto setzten.

Ein neu angeworbener Freiwilliger aus der Mobil=
garde, einen Strauß von Blumen auf der Mütze, kam
mit einem Kruge Wein aus dem Wirthshause, er ließ
nicht nach, bis ich davon kostete. „Du wirst doch nicht
glauben, daß ich dich vergifte," rief er mir stets zu,
und ich that ihm Bescheid. Das vertrauliche „Du" ist
hier in diesen Tagen sehr allgemein. Am Wachtfeuer,
auf den Vorposten und auf der Bastei findet eine Ver=
brüderung der verschiedenen Stände statt, wie sie fried=
liche Zeiten nie bewerkstelligen können.

Ein begegnender Soldat schenkte einer armen Frau
unaufgefordert einen großen Laib Brot, den er unter dem
Arme trug, mit den Worten: „Ich bin satt, und ich
krieg' schon wieder, iß du auch."

Nach vielem Umherschlendern in den Straßen lockte
uns die große Trommel nach einem Zelte auf freiem

Plaße unweit der Kaferne. Das war hier ein luftiger
Auftritt. Am rechten Ende spielte eine volle Musikbande
wiegende Ländler und herausfordernde Märsche, Jauchzen
und Händeklatschen schallten darein. In der Mitte an lin=
nengedeckten Tischen, darauf die Seidel Bier prangten,
hatten mehrere Männer Schreibzeug vor sich und daneben
lagen in einem offenen Papiere Sträuße von gemachten
Blumen. Links bildete sich, sobald die Musik aufspielte,
ein freier Raum und junge Männer unter sich oder mit
schnell aus dem Umkreise eroberten Mädchen tanzten
und sprangen, jauchzten und sangen. Ein hübscher
rothwangiger Bursch, der mir zunächst war, tanzte
immer ganz allein und alle seine Glieder hoben und
senkten sich in freudiger Lust, während er sich auf einem
kleinen Raume bewegte; helle Tirolerjodler schwebten
auf den Lippen, er war aber so heiser, daß er sie nicht
mehr singen konnte, er erzählte sie nur so vor sich hin
und manchmal bewegten sich nur seine Lippen und Ge=
sichtsmuskeln voll Freude, ohne einen Ton laut werden
zu lassen. Ein starker Bursch hob einen neu eingetre=
tenen Kameraden auf den Armen empor und tanzte so
mit ihm herum. Erst nach langer Mühe ließ er ihn auf

den Boden und nun umschlangen sie sich fest in den
Armen und tanzten einen ruhigen Steierer. Sie küm=
merten sich alle wenig um die Musik da draußen, sie
hatten ihre eigene Musik in der Seele. Komm her,
Italiener, rief einer einem schwarzhaarigen dunkel=
äugigen Burschen zu, kannst du deutsch tanzen? und
ohne die Antwort abzuwarten, stürmte er mit ihm in
den tosenden Kreis.

Wir sind also hier in einem Werbezelte der Mobil=
garde. Jetzt schweigt die Musik. Eine hagere Gestalt
in einem grauen Militärmantel, über den ein schwarz=
roth=goldenes Band geschlungen, eine rothe Studenten=
mütze auf dem Kopfe, unter der ein pfiffiges einäugiges
Gesicht rechts und links ausschaut, wandelt rings um
das Zelt und wiegt sich dabei auf den Sohlen offenbar
nach einer Melodie, die ihm in der Seele spielt. Er
hat den gezückten Säbel hoch empor gehalten und ruft:
„Lustig! kommt nur! hier hat man ein schön und gut
Leben, täglich 25 Kreuzer Münz, und man läßt sich nur
auf einen Monat einschreiben; wer da nicht will, kann
wieder fortgehen. Lustig! ein schön und gut Leben!“
Manchmal blieb er auch stehen und machte bei einem

zuschauenden Burschen Halt, indem er denselben noch
besonders aufforderte; dann näherte er sich zuweilen
einem Mädchen und versprach ein Mädchenregiment
auszurüsten.   Lachen und Kichern folgte ringsum.

Während der Pausen trat selten einer herein, sobald
aber die Musik anzustimmen begann, da drängten sie
sich an die Tische zu den schreibenden Offizieren, die
eigentlich erst dadurch Offiziere wurden, wenn sie die
nöthige Vollzahl der Angeworbenen hatten. Die Musik
und das Johlen hatte in der That etwas, was zum
freudigsten Kampfe aufrief und alle Bedenklichkeiten
vergessen ließ.   Das mochte ein Blechnergeselle neben
mir ebenso empfinden, denn er sagte: „es sterben nicht
alle, und einmal sterben muß man doch," ging an den
Tisch, sagte dem Offizier, der ihn in dem Lärmen kaum
hören konnte, seinen Namen in's Ohr; dieser schrieb
ihn auf eine rosa gedruckte Karte, heftete die Karte auf
die dargereichte Mütze und steckte den Blumenstrauß
dazu, dann reichte er dem Angeworbenen die Hand,
dieser riß sich los und sprang mit einem großen Satze
in den Kreis der Tanzenden.   Dort wurde er jubelnd
bewillkommt und bald dieser bald jener tanzte mit ihm

herum; er aber hielt sorgfältig den Strauß auf der
Mütze, der in Gefahr war erdrückt zu werden. Immer
frische drängten sich heran und der Jubel erneuerte sich
immer wieder. In der Pause machte der Einäugige
abermals seinen Rundgang, er war wie ich hörte einer
von den übergegangenen Grenadieren, ein Korporal.
Sobald eine eigenthümliche Zeit da ist, tauchen plötzlich
auch die ihr entsprechenden eigenthümlichen Figuren
auf. Nur der Heros, nach dem Alle ausschauen,
will nicht kommen. Unser Stück Weltgeschichte spielt
sich ohne einen Helden ab.

So oft ein Neugeworbener einen Blumenstrauß
erhielt, kamen viele andere herbei und wollten auch
einen solchen haben. Man bedeutete ihnen, daß sie
bereits eingereiht seien und den Fahneneid geschworen
hätten, daß es ihnen also nicht mehr zukomme Sträuße
zu tragen; aber sie baten so kindlich dringend, daß man
nicht umhin konnte, dem einen und dem andern zu will=
fahren, und als jetzt eine Frau kam und neue Sträuße
mit Flittergold zum Verkaufe ausbot, erwarb sich fast
jeder solchen Schmuck. Ich sah, daß einer dem andern
der nicht mehr Geld genug hatte, das Fehlende darauf

bezahlte. Die Menschen bleiben doch ewig Kinder und hier ergötzen sie sich an einem Spielzeug, während sie sorglos ihr Leben in die Schanze schlagen.

Die Mobilgarde soll später als Gegengewicht und neue Opposition gegen die alte Militärhierarchie fest=gehalten werden; eine Art Parlamentsheer, wie es Venedey für den Reichstag in Frankfurt vorgeschla=gen hat....

Abends im Reichstage. Es gehört zu den pein=lichsten Empfindungen, daß man jedesmal bei Beginn einer Sitzung mit zitternder Seele umschaut, ob die be=schlußfähige Anzahl der Mitglieder vorhanden. Es ist peinigend, daß das von wenigen Personen abhängt. Heute mußte die Sitzung deßhalb unterbrochen werden und sie wurde später vollzählig.

Es wird gegen die Insinuationen Messenhausers in einem Plakate protestirt, daß die Ungarn nur auf den Ruf der legalen Behörde kommen wollen. Es giebt keine legale Behörde, die sie rufen und so dem Kaiser den Krieg erklären kann. Empörend und erbärmlich ist dies Benehmen der Ungarn; jeden Tag heißt es, sie kommen und sie kommen nicht, sie sind vor Bruck, hinter

9*

Bruck, an der Grenze, über der Grenze, — es läßt sich nichts mehr darüber sagen.

den 20. Oktober.

Nun soll es denn doch ganz gewiß sein, daß die Ungarn im Anmarsche sind.

Indeß erfahren wir im Reichstage authentisch, daß die Zufuhr der Lebensmittel abgeschnitten wird. Schuselka setzt auseinander, wie das mit der Anerkennung übereinstimmt, die der Kaiser dem Reichstage ausgedrückt; Ordnung und Sicherheit werde dadurch gewaltsam aufgelöst. Feodorowicz und Löhner sprechen gewaltig über diesen Belagerungszustand, der Gemeinderath hat deßhalb eine Deputation an den Kaiser gesendet und eine weitere an den Reichstag in Frankfurt zur Unterstützung seiner Bitte. Wer hat den Befehl zur Belagerung gegeben? und warum?

Man spricht hier von einem harten Manifeste des Kaisers, das draußen im Lager angeschlagen sei, aber nicht in die Stadt käme.

Ich bin nun jetzt fast täglich auf der Journalistenloge und will die Eindrücke davon kurz andeuten.

Während in Nordbeutschland die Führer der Publi=
ciftif meift aus der abftraften Philofophie mit beiden
Füßen in die Tagespolitif gefprungen und wie es bei
folchem Sprunge geht noch vielfach taumeln und nicht
den rechten Halt gewonnen, fo find die hiefigen publi=
ciftifchen Wortführer meift aus dem Theater mit feiner
Kritif in die Verhandlungen der Welthändel überge=
treten. Daher jenes theatralifche Pathos, oft jene
Großthuerei des Choriften, der nur allgemeine Re=
frains zu fingen hat und fich für einen zurückgefeßten
Solofänger hält. Diefes Choriftenhafte ift wider=
wärtig, diefe aufgetragenen Farben, diefes Hände=
ringen, diefer Flitter. Die meiften Artifel in den rabi=
falen Zeitungen, befonders in der Conftitution, find
nichts als hochflingende gefchriebene Toafte, die mit
Hoch und abermals Hoch dem hochherzigen Wien und
dergl. fchließen. Von einem ftaatsmännifchen Blicke,
von Geftaltungskraft nirgends eine Spur.

Muth und abermals Muth will fich als politifche
Kraft geltend machen. Aber was ift der Muth allein
ohne Talent? er kann kämpfen, aufreizen, aber der
menfchlichen Gefellfchaft kein Gepräge geben. Muth

und Bildung sind die beiden mächtigsten, ja einzigen
Hebel zur Neugestaltung der Welt; leider sind sie so
selten vereint. Es ist weit eher möglich, dem Muthe
die Bildung, die Besonnenheit und Einsicht beizugesellen,
als die Bildung zum Muthe zu erwecken; denn da sind
die Menschen, die Alles wissen, Alles kennen und denen
der heilige Funke frischer Begeisterung mangelt.

In Wien müßte man vor Allem darauf denken, dem
unstreitig herzhaften und zur That entschlossenen Volke
Bildung, gesunde Einsicht einzuflößen, und dieses Volk
ist so zutrauensvoll, so offen für jede Belehrung.

Wer es mit der Sache des Volkes und der Freiheit
getreu meint, wem die öffentliche Ansprache nicht ein
bloßes momentanes Almosen ist, das man dem Be-
dürftigen zuwirft und sich nicht weiter um sein Schicksal
kümmert, der muß bei Zeiten darauf denken, daß das
Volk nicht nur seine Hochherzigkeit preisen, sondern
auch die bittere Wahrheit hören lerne. Es muß immer
gesagt und bewiesen werden: Vor Allem die rechtliche
und menschenwürdige Feststellung der politischen und
socialen Verhältnisse, dann aber vergiß nicht, daß damit
nicht Alles gethan, du mußt auch dich selber ändern

und vervollkommnen. — Je mächtiger eine Popularität ist, um so mehr ist sie verpflichtet, ohne Galleriefurcht die inneren Schäden des Geistes und der Gewohnheit derb zu rügen und zu berichtigen. Auch abgesehen von der moralischen Nothwendigkeit dieses Verfahrens, ist es politisch unerläßlich, wenn nicht alsbald jede eintretende Organisation als Reaktion erscheinen soll.

Ich weiß es wohl, der Feldherr, der vor die Fronte seiner Soldaten reitet, die er zur Schlacht führt, ist nicht in der Lage, Mahn- und Strafpredigten zu halten; er preist die Kraft und den Muth. Noch muß das Volk in Schlachtreihen gehalten werden gegen seine nicht besiegten Feinde; aber es gibt friedliche Pausen genug und wir müssen frühe daran denken, die innere Arbeit mit der äußern anzuregen.

Ich will hiezu nur eine äußere Thatsache als Beispiel von hier anführen. Als vor Kurzem die Wahl des Gemeinderaths vorgenommen wurde, wobei nur ein geringer Census war, wurden von der Stadt die nahezu eine halbe Million Menschen zählt, nur 4 bis 5000 Stimmen abgegeben und die Zusammensetzung des Gemeinderathes wurde, einige Talente

wie Stifft u. f. w. ausgenommen, eine im Ganzen genommen klägliche. Wahrheitsliebende Männer erzählen
mir, daß bei der Wahl der Wahlmänner, wenn dabei
ein zweites oder gar ein drittes Skrutinium erforderlich
war, das erste Mal oft 500 ihre Stimmen abgaben,
bei der Wiederholung aber oft nur 50 abstimmen. Die
unverzeihliche Lässigkeit der zunächst liegenden Wahl des
Gemeinderathes hätte bei einer wahrhaft volksthümlichen Presse fort und fort Mahnung und Rüge hervorbringen müssen. Es hätte mit wenigen Worten ein
stehender Artikel sein müssen: Volk von Wien! du
hast deiner Pflicht und deiner Ehre vergessen, indem
du das freie Wahlrecht verabsäumtest. Man muß es
täglich wiederholen und früh lehren, daß nicht in
jubelnden Volksversammlungen, in pikanten Reibereien
und dergl. die Volksfreiheit festgestellt wird, sondern daß
der Dienst der Freiheit ein unablässiger, trockene und
mühselige Arbeit erfordernder ist. Diese allein sichert
uns, was wir jetzt im Sturm errungen. ␊

Troß der angeführten Thatsache ist von Blasirtheit,
die an anderen Orten schon sogar die unteren Schichten
ergriffen hat, hier keine Spur; selbst die Führer leiden

hier weit eher an bem andern Extrem ber fortwährenben Exaltation.

Das „Proletariat", bas hier zum ersten Male officiell mit biefem Namen in ben Zuschriften ber Generäle rc. bezeichnet wirb, bas Proletariat hat hier noch lange nicht ben flaffifchen Höhepunkt erreicht, ben manche Peffimiften wünschen, um bann ihre Erlöfungstheorie ins Werk fetzen zu können.

Jene gemachte Scheibung, bie man an anberen Orten gewaltfam hervorrief unb mit ben Bezeichnungen Bürger unb Volk trennte, ift hier noch nicht einge= treten.

Vielleicht ift's eine fübbeutfche Anfchauungsweife, aber ich glaube boch es liegt barin etwas Allgemein= gültiges: Das wein= unb biertrinfenbe Proletariat ift gar nicht zu vergleichen mit bem schnapstrinfenben. Solche Gestalten, bie in betäubtem Dufel efelhaft vor fich hin lärmenb in norbbeutfchen Stäbten uns fo oft begegnen, finb hier nirgenbs zu fehen.

Zwiefach beflagenswerthes Volk, beffen Athem nach Schnaps riecht, es ift faum mehr möglich, ihm nahe zu fommen unb feinen Geift aufzurichten.

Du kannst dich zu dem Schnapstrinkenden nicht in seine Schenke setzen und dort ein gut Wort anbringen, er hält sich, wenn sich's auch thun ließe, nicht lange auf, er füllt seine „Pulle" und holt sie bei allen Ruhepunkten einsam aus der Brusttasche.

Und doch ist das Volk unschuldig an dieser Selbstertödtung. Der alte negative Staat, der Polizeistaat that nichts für den Gesunden und der Schnaps mußte ihm den Mangel an Kleidung, Wärme und stärkenden Speisen ersetzen. Darum wird der neue positive Staat sein Hauptaugenmerk auf eine gesunde und billige Nahrung richten müssen. Das geht vor allen sozialistischen Theorien.

Ich habe mich hier vielfach in den verschiedensten Gruppen erkundigt und erfahren, daß jener Mangel, wie er in den Schnapsländern zu Hause ist, hier nirgends zu finden sei.

Das Brot, das die Leute hier essen, ist schmackhaft und gar nicht zu vergleichen mit dem säuerlichen, wie es in Norddeutschland vielfach zu finden ist. Ueberhaupt verstehen sie in Norddeutschland weit besser Kuchen zu backen als einfaches Brot, während das im Süden gerade das Gegentheil.

Ist's nicht auch in geistigen Dingen so?

Das Volk hier mit seiner treuherzigen Hingebung und seinem heitern Humor ist noch vollständig zu retten vor jener Versunkenheit, die man anderwärts findet, wenn der Staat durch materielle Vorkehrungen, so wie durch eine gesunde Geistesbildung seiner Pflicht nachkommt. Jetzt wird diesem Volke literari= scher Schnaps, radikaler und reaktionärer Fusel der niedrigsten Sorte aufgetischt. Es wird hoffentlich bald anders werden. So oft ich auf den Basteien, auf den Barrikaden oder in sonstigen Gruppen die Sinnesweise des Volkes aufs Neue kennen lernte, wurde ich immer mit neuer Liebe zu demselben erfüllt. Man kann wol im Ganzen genommen von Wien sagen, es hat weit mehr politisches Temperament als politischen Charakter. Eben deshalb sollte jenes nicht immer aufgereizt und entflammt, sondern auf feste Nachhaltigkeit, auf Charakter hingearbeitet werden. Dieses Volk, wenn man das Wort gebrauchen kann, ist das agitabelste, es läßt sich leicht in eine erregte Stimmung versetzen und ist bereit für dieselbe Alles daran zu geben. Es ist so zu sagen politisch keusch

und vertraut leicht jedem, der um seine Liebe und Hin=
gebung wirbt. Nichts konnte dieses Volk mehr auf=
reizen, als die erkannte Perfidie Latours. Hätte er
offen gestanden: ich muß mit den Ungarn Krieg füh=
ren, — es hätte sich vielleicht wenig darum gekümmert.
Aber immer zu sagen: ich weiß und will nichts von
Jelachich, bis zuletzt der Briefwechsel aufgefangen
wird und dann deutsche Truppen fortschicken — das
empörte das innerste Herz. Dies Gefühl hob jene
Art, die Latour das Hirn einschlug und wand ihm
den Säbelgurt um den Hals. Jetzt ist nur Eine
empörte Stimmung gegen die Umgebung des Kaisers
(ihn selbst tastet man noch immer wenig an), weil
man Wien zum Aufruhr zwingen will, um es dann
nieder zu werfen.

den 21. Oktober.

Der dritte stille und doch so geräuschvolle Sonntag.
Statt der Reichskommissäre ist eine Ansprache derselben,
die jetzt in Ollmütz sein sollen, „im Namen des deut=
schen Reichsverwesers" an den Ecken angeschlagen.
Die Kommissäre bezeichnen ihre „Sendung als eine

Miſſion des Friedens und der Verſöhnung." Sie for=
dern auf „noch ehe. er weiter entbrennt, den blutigen
Kampf der Waffen mit der friedlichen Unterhandlung
zu vertauſchen." Sie bieten ihre Vermittlung dazu an.

Als ob man bisher nicht immer die friedlichſten
Verhandlungen verſucht hätte! — Heute wurde das
Manifeſt des Kaiſers, von dem man ſchon früher
ſprach, hier bekannt. Es ſpricht von nichts als von
den Gräueln, die in Wien geſchehen und verkündet,
daß Fürſt Windiſchgrätz mit beiſpiellos unbeſchränkter
Vollmacht den Oberbefehl über. ſämmtliche Truppen
außer den italieniſchen erhalten habe, um gegen Wien,
„den Sitz der Inſurrektion" zu ziehen.

Dieſes Manifeſt iſt vom 16. Oktober, vom
ſelben Tage alſo, an welchem der Kaiſer
der Deputation des Reichstages ſeine „voll=
kommene Anerkennung" für Niederhaltung
der Anarchie ausgedrückt.

Das iſt ehrliche Politik!

Nur das mildere Manifeſt vom 19. wurde hier
offiziell hergeſendet. Man hat indeß auch das frühere
anſchlagen laſſen.

Die Ansprache der Reichskommissäre schließt: „Es lebe Oesterreich und sein ruhmvolles Kaiserhaus! es lebe Wien! Möchte Oesterreich und möchte Wien baldmöglichst und immer mehr Wohlstand und heitern Lebensgenuß, gleich den freien Britten und ihrer blü= henden Hauptstadt, mit einer vollständigen aber gesetz= lichen und mit männlicher Reife gehandhabten consti= tutionellen Freiheit vereinigen!"

Ist diese professorische Hindeutung auf die „freien Britten" nicht fast komisch, mitten in einem solchen Aufruhre der Empörung aller Herzen?

Trotzdem setzt man große Hoffnung, ja fast die alleinige in die Vermittelung der Reichskommission. Sie sollen in Ollmütz sein und sie müssen nun auch hierher kommen, um sich hier von dem wirklichen Stand der Dinge zu überzeugen; denn leider sagt man, daß sie sich unterwegens von vielen geflüchteten Geldsäcken manches hätten aufbinden lassen....

Es wird eifrig an der Wegräumung der perma= nenten Barrikaden gearbeitet. In den Vorstädten werden solche kriegsgerecht gebaut, aber man glaubt nicht, daß es zu einem Straßenkampfe in der innern

Stadt kommen wird. Das Militär sagt man, wird sich auf solchen nicht einlassen und die Erfahrungen dieses Sommers benutzend, jetzt nur mit Kanonen operiren.

den 39. Oktober.

Ein Zufall brachte mich heute wieder auf die Aula.

Als ich von Tische kam sah ich auf dem Stephans= platze einen Trupp Bewaffneter in dessen Mitte ein Gefangener geführt wurde. Alles schrie ringsum: ein Spion! ein Spion! Der Mann war tobtenblaß, er senkte den Blick zur Erde und schaute dann manch= mal wieder hülfesuchend rings umher.

Wer kann bestimmen, ob das die Miene eines schuldbewußten oder der Ausbruck eines freien Ge= wissens ist? Die Furcht ist sich gleich. Einige Vor= übergehende schrieen wild: aufgehängt! aufgehängt! und mancher Puff und Schlag fiel auf den armen Schelm. Ich trat dazwischen und da man mich für einen Studenten hielt, warb mir Gehör und ich konnte den Rasenden bemerklich machen, daß man Niemanden

vor der Aburtheilung bestrafen dürfe, gewiß aber nicht
gleich ein Todesurtheil vollziehen, denn habe man da
einen Spion, so müsse man noch mehr von ihm er=
fahren, sei er aber todt, so könne er nichts mehr be=
richten. Das wirkte. Ich ging neben dem Gefan=
genen, der mich gläsernen Blickes anstarrte und nur
manchmal aus bleichen Lippen vor sich hinmurmelte:
„Ich weiß nichts". Ein stattlicher Bürger in Na=
tionalgardentracht, der neben uns her ging, ballte
immer die Fäuste und schrie, daß er den Kerl gleich
todt schlagen wolle.

Wir kamen mit ihm nach der Universität. Dort
stellte sich bei der Untersuchung heraus, daß der
Gefangene sich allerdings in verdächtiger Weise auf
einem Nebenwege aus der Linie hinausschleichen
wollte. Es war ein Bedienter bei einem hiesigen
Goldarbeiter, hatte einen Brief an seine Herrin
mit der Weisung, sie solle allerlei Nahrungsmittel
hereinschicken, da man einer Belagerung entgegensehe.
Auch hatte er sämmtliche seit zwei Tagen hier er=
schienenen Zeitungen und Plakate bei sich. Der Mann
war unschuldig und man bat ihn noch etwas zu ver=

weilen und dann ruhig nach Hause zu gehen. Er blieb gerne, denn er konnte sich noch nicht erholen von seinem Schreck, er gab mir Recht, daß man den Leuten ihren Argwohn und ihre Gereiztheit nicht verargen könne, aber wie das so geht, wen die Folgen treffen, der ist doch zu hart mitgenommen und kann das nicht mit einem Allgemeintroste entschuldigen.

Ich besuchte nochmals die Komiteesitzungen und fortwährend flößte mir die Haltung der Studenten Bewunderung ein. In solcher Jugend, mit solcher Macht ausgerüstet, maßhaltend jede Ueberschreitung vermeiden, das zeugt von einem gesunden Geiste. Dennoch glaube ich nicht wie so Mancher, daß aus diesem Komitee u. s. w. großartige organisatorische Talente sich herausbilden werden. Es ist etwas anderes, mitten in der Revolution nur nach selbstgezogenen Linien ein summarisches Verfahren inne halten, als dann in einem geordneten Staatswesen einen festen Halt zu gründen. Gerade diese jetzige fast unbedingte Souveränität kann ein Hinderniß für die künftige gesetzliche Regelung sein und wer einmal

die Allmacht vorkostet, findet sich schwer wieder in die
bedingtre Freiheit, die doch allein eine staatliche Ord=
nung feststellen kann.

Beim Weggehen traf ich im Hofe wieder jenen
mordlustigen Nationalgarbisten. Es war ein Mann
nahe den vierziger Jahren. Ich suchte ihm nun sein
früheres Unrecht klar zu machen, er sagte mich be=
gleitend: „Sie haben Recht, ganz Recht, aber ich
bin so wild, so wild, ich weiß nicht wo aus; ich
bin ein Schuster, habe meine gute Nahrung, habe
eine brave Frau und 4 Kinder, aber Alles könnte zu
Grunde gehen, ich selbst will sterben, nur Rache an
dem Kaiser und der Camarilla, die Wien mit Gewalt
zu Grunde richten wollen. Soll eine ganze Stadt
zu Grunde gehen wegen einem?"

So sprach der Mann und noch viel mehr und
heftiger. Die Erzherzogin Sophie bekam schöne Na=
men. Ich sah hier wiederum, welche Flamme in den
Gemüthern loderte. —

Ich füge hier über die Abendsitzung des Reichs=
tages einen Artikel ein, wie ich ihn unmittelbar da=
rauf schrieb und in das damals noch von Bodenstedt

redigirte Journal des österreichischen Lloyd einrücken
ließ:

„Diese Sitzung bildet den Gipfel- und Wendepunkt
unseres nun bald drei Wochen anhaltenden fieberisch-
peinlichen Zustandes. Die Dinge scheinen sich bei
uns mit einer innern Genesis zu entwickeln, deren
Gesetz sich erst aus der vollbrachten Thatsache abnehmen läßt. Auf dem unerschütterten Boden des
Gesetzes hat der Reichstag, eben kraft des Gesetzes,
die Maßnahmen des Fürsten Windischgrätz für ungesetzlich erklären müssen und erklärt.

Wir sind in diesen Tagen so beständig in
Spannung und Aufregung gehalten, daß man kaum
mehr sagen kann, die Erregung dieses Sonntag
Nachmittags war die höchste; und doch hatte Fürst
Windischgrätz in diesen Stunden zuerst seine papier-
nen Bomben in die Stadt gesendet. Die Gruppen
an den Straßenecken erzählten sich von einem Manifeste, das von unbekannten Händen angeschlagen
worden, von den Municipalgardisten aber auf Befehl des Magistrats abgenommen wurde.

Es ließ sich die Wahrheit des Inhaltes kaum

10*

glauben; sie bestätigte sich jedoch bald im Reichstage.
Um 4 Uhr war die Sitzung anberaumt. Die Mit=
glieder fanden sich ein. Der Präsident verkündete,
daß die Sitzung eröffnet und mehr als die beschluß=
fähige Anzahl anwesend sei. Die Spannung auf den
Gallerien zeigte sich schon jetzt, indem sich die Be=
freiung von der unnennbaren Bangigkeit kundgab,
daß Entmuthigung der Ausharrenden eingetreten sein
könne. Der Saal selber bot den Anblick der Ruhe
und ernsten Gefaßtheit, und dieser entsprachen die
Einleitungsworte des Präsidenten, der auf die hohe
Bedeutung dieses Augenblickes, auf den festen Man=
nesmuth, dessen es bedürfe, in seiner gewohnten
Einfachheit und treuherzigen Schmucklosigkeit hinwies.
Als er jetzt dem Berichterstatter das Wort gab, war
es wieder wie das Aufathmen heftiger Gespanntheit
im ganzen Saale. Man rief einander Ruhe zu,
gleichsam um sich selbst anzuhalten mit lauschendem
Ohre auch keine Sylbe von dem, was sich nun er=
öffnete, zu verlieren. Schuselka, der Berichterstatter,
der sich während dieser verhängnißvollen Tage fort
und fort mit wahrhaft erhabener Ruhe und Festigkeit

hält, berichtete nun, daß Fürst Windischgrätz dem Gemeinderathe folgendes Manifest zur Kundgebung zugesendet habe und ihn für dessen Bekanntmachung verantwortlich mache.

„Von Sr. Maj. dem Kaiser beauftragt und mit allen Vollmachten ausgerüstet, um dem in Wien dermalen herrschenden gesetzlosen Zustande ohne Zeitverlust ein Ziel zu setzen, rechne ich auf den aufrichtigen und kräftigen Beistand aller wohlgesinnten Einwohner.

Bewohner Wiens! Eure Stadt ist befleckt worden durch Gräuelthaten, welche die Brust eines jeden Ehrenmannes mit Entsetzen erfüllen. Sie ist noch in diesem Augenblicke in der Gewalt einer kleinen, aber verwegenen, vor keiner Schandthat zurückschaubernden Faction. Euer Leben, Euer Eigenthum ist preisgegeben der Willkühr einer handvoll Verbrecher. Ermannt Euch, folgt dem Rufe der Pflicht und der Vernunft. Ihr werdet in mir den Willen und die Kraft finden, Euch aus ihrer Gewalt zu befreien, und Ruhe und Ordnung wieder herzustellen.

Um diesen Zweck zu erreichen, werden hiemit die Stadt, die Vorstädte und ihre Umgebung in Be-

lagerungszustand erklärt, sämmtliche Civilbehörden
unter die Militär-Autorität gestellt, und gegen die
Uebertreter meiner Verfügungen das Standrecht ver-
kündigt.

Alle Wohlgesinnten mögen sich beruhigen. Die
Sicherheit der Personen und des Eigenthums zu
schirmen, wird meine vorzügliche Sorge sein. Dagegen aber werden die Widerspenstigen der ganzen
Strenge der Militärgesetze verfallen.

Lundenburg, den 20. October 1848.

Fürst zu Windisch-Grätz,
Feldmarschall."

Während der Verlesung dieses Aktenstückes war
der Eindruck unverkennbar, welchen Gehalt und Gestalt desselben hervorbringen mußten. Schuselka
bemerkte, daß der Gemeinderath dieses Manifest nicht
veröffentlicht habe und solches dem permanenten Ausschusse zu weiterer Maßnahme übergebe. — Der Fi-
nanzminister Kraus habe hierauf sogleich das Manifest
des Kaisers vom 19. d. M., so wie die Ansprache der
Reichscommissäre Welcker und Mosle an den Fürsten
Windischgrätz durch einen Courier abgesendet, indem

sich vorauszusetzen ließe, daß der Fürst diese Kundge=
bungen, und besonders die erste, nicht kenne, da sie
im schneidenden Widerspruche mit den angedrohten
Maßnahmen stehen. Dieses Verfahren des Mi=
nisters — bemerkte der Berichterstatter — könne man
billigen und es ließe sich möglicherweise vielleicht eine
Wirkung davon verhoffen. Verlassen aber könne man
sich nicht darauf, und das Maaß der Pflichten, das
dem Reichstage auferlegt sei, gehe weiter. In ein=
dringlicher ruhevoller Auseinandersetzung erklärte
nun Schuselka, daß zwar die Völker Oesterreichs
noch keine feste Constitution auf dem Papiere be=
sitzen, daß aber der Staat rechtlich und factisch ein
constitutioneller sei, alle Maßregeln sich also inner=
halb der constitutionellen Grenzlinien halten müssen;
diese aber schreiben streng und unbeugsam vor, daß
solche Vorkehrungen einzig und allein von den con=
stitutionellen Gewalten ausgehen können. Bela=
gerungszustand und Standrecht sind das letzte Mittel
zur Wiederherstellung der Ordnung; dieses letzte
Mittel darf aber nur angewendet werden, wenn alle
andern bereits erschöpft sind. Solches ist hier keines=

wegs der Fall. Es könne der Belagerungszustand
nicht angewendet werden, wo das Volk durch seine
Vertreter tagt über die Feststellung seiner Verfassung;
nur die conſtituirende Verſammlung könne, wie in
Paris, zu ihrem eigenen Schutze, nur ſie könne
den Belagerungszustand aussprechen.

Der Gewalt müſſe mit dem unbeugsamen Geſetze
entgegengetreten werden, und so ſchlägt der permanente
Ausſchuß dem Reichstage vor, zu beschließen:

In Betracht, daß die Herstellung der Ruhe und
Ordnung, wo ſie wirklich gefährdet ſein ſollten, nur den
ordentlichen conſtitutionellen Behörden zukommt, und
nur auf ihre Requiſition das Militär einschreiten darf;

in Betracht, daß nach wiederholtem Ausspruche des
Reichstages und des Gemeinderathes die bestehende
Aufregung in Wien nur durch die drohenden Truppen-
maſſen unterhalten wird;

in Betracht endlich, daß das kaiſerliche Wort vom
19. d. M. die ungeſchmälerte Aufrechthaltung aller
errungenen Freiheiten, ſo wie ganz beſonders die freie
Berathung des Reichstages neuerdings gewährleiſtete:
erklärt der Reichstag die vom Feldmarſchall Fürſten

Windischgrätz angedrohten Maßregeln des Belage=
rungszustandes und Standrechtes für ungesetzlich.

Von diesem Beschlusse ist Minister Wessenberg und
Feldmarschall Fürst Windischgrätz sogleich durch Eil=
boten in Kennntniß zu setzen.

Vom constituirenden Reichstage.
Der Reichstagsvorstand.
Franz Smolka, Carl Wiser, Gleispach,
Präsident.   Schriftführer.

Als das Wort „ungesetzlich" ausgesprochen
wurde, da ließ sich der Sturm der Gemüther im Saale
und auf den Gallerien nicht mehr halten. Lauter Zu=
ruf erscholl; — das war der Moment, in dem der ge=
setzliche, sittliche Volksgeist auf dem unerschütterlichen
Felsen seines guten Rechts der Gewalt mit offener
Brust sich entgegen stellte.

Nach Verlesung des Ausschußantrages fragte der
Präsident, ob Jemand das Wort hierüber verlange.
Lautlose Stille herrschte eine Weile im Saale, ein Jeder
schien so ergriffen von dem Ausdrucke des gesammten
Selbst, das hier kundgegeben war, daß der volle Accord

auch durch keine Zuthat, auch durch keine vereinzelte Zuſtimmung abgeſchwächt werden ſollte.

Endlich erhob ſich Löhner, noch ſichtlich ergriffen von den erfolgloſen Mühen ſeiner letzten Reiſe und von der erwartungsreichen Bedeutſamkeit dieſer Stunde. Er ſagte, daß er den Motiven und den Anträgen des permanenten Ausſchuſſes an ſich nichts zuzufügen habe. Es iſt jetzt keine Zeit — fuhr er fort — für Empfind- lichkeiten, für ein Abwägen, ob man einem die Ehre angedeihen ließ, die er anzuſprechen habe. Die Reichs- commiſſäre haben ſich nicht hieher und nicht unmittelbar an dieſe Verſammlung gewendet, ſie haben ſich nach Olmütz begeben; dennoch aber, es gilt der Sache des Vaterlandes, eine deutſche Stadt wird mit dem Här- teſten bedroht, Deutſchland iſt in ihr verletzt — man möge alſo dem Beſchluſſe hinzufügen, daß derſelbe den Reichscommiſſären nach Olmütz mitgetheilt werde. Nabler machte den Zuſatz, daß die Reichscommiſſäre eingeladen würden, hieher zu kommen, um ſich davon zu überzeugen, daß hier keine Anarchie herrſche.

Schuſelka vereinigte ſich hierauf als Berichterſtatter mit dem Antrag Löhner's, aber in der Weiſe, daß der

heutige Beschluß durch das Präsidium den Reichscom=
missären mitgetheilt werde, wie sich dieselben auch nur
an das Präsidium gewendet hätten, womit Löhner über=
einstimmt. Nachdem sich hierauf noch Borrosch gegen
eine Einladung der Wien umgehenden Reichscommissäre
ausgesprochen hatte, wurde der Antrag der Commission
mit großer Stimmenmehrheit (mit allen Stimmen gegen
etwa **3**) angenommen.

Jetzt fragt es sich nun, oder vielmehr es fragt sich
kaum: wird man es wagen, eine Maßregel auszu=
führen, die der Reichstag fast einstimmig für unge=
setzlich erklärte?..."

Es klingt fast wunderbar, wenn man sich sagt,
daß man mitten in all diesem Wirrwarr aus all den
Erschütterungen und Aufregungen heraus wieder be=
haglich Abends im Bierhause sitzt, die Deputirten der
Linken kommen da hin, Blum mit seinen Genossen und
ihrem Anhange.

Wenn man die Geschichte einst aus der Ferne be=
trachtet, wird man es kaum glauben, daß mitten da=
rin mehr oder minder harmlose Pausen waren, Alles
muß wie eine einzige fiebrische Glut mit hastigem

Athem erscheinen; aber man lernt hier Geschichte
verstehen, sowohl in ihrer tiefern innern Genesis
mit der Umkehrung alles Gewesenen, als auch mit
den kleinen stets anhaftenden ständigen Merkmalen.

Im großen Ganzen drängt ein tiefer innerer
Zug dämonisch fort, die Thatsache für sich selbst ge=
winnt ein selbständiges organisches Leben unabhängig
von dem Thäter und Schöpfer.

Vom Volke, vom Hofe und vom Reichstage
sind Thaten ausgegangen oder aufgenommen, die
Schuld und Sühne zum Theil in unbewußter Roth=
wendigkeit in sich tragen.

Ein Theil des Volkes hat dem 6. Oktober die
Spitze einer That gegeben, die unvorgesehen wie
sie war, vereinzelt in sich blieb und bleiben mußte.
Man bewaffnete sich, gewissermaßen um die Folgen
der eigenen That abzuwehren. Eine Stadt über=
nimmt die Erbschaft dieser That, die sie nicht voll=
bracht, zum größten Theile nicht gewollt.

Der Kaiser, anfangs zur Versöhnung geneigt,
läßt sich zur Flucht verleiten und bewaffnet sich mit
Starrsinn, er ladet die Schuld der Halbheit und

Pflichtvergessenheit auf sich, er verläßt seinen Posten zum zweitenmale.

Der Reichstag übernimmt die Errungenschaft einer von ihm verabscheuten That. Er verlangt um den Aufruhr nicht weiter schreiten zu lassen, allgemeine Amnestie und Bildung eines neuen Ministeriums. Das alte unbeliebte Ministerium ist gestürzt, aber nicht vom Reichstage auf gesetzlichem Wege, sondern draußen auf der Straße. Der Reichstag nimmt das an und verfällt somit einer dämonischen Haftbarkeit, die durch all sein großartiges hingebendes Wirken nicht abzuwälzen ist.

Wie wird sich die Sühne an all den drei Faktoren ergeben?

Auf allen Seiten lebt das Ereigniß jetzt für sich selber fort, bis es zum traurigen Konflikte gelangt und so sehr man sich auch namentlich auf Seite des Volkes bemüht, die Consequenzen zurückzuhalten und abzuwenden, ein dämonisches Walten tritt Alles vor sich nieder. Der zermalmende eherne Gang der Geschicke scheint unabwendbar.

Daneben lernt man einsehen, wie das Klein= und

Einzelleben all den großen Ereignissen und That=
sachen beiher lauft.

Wer es vermöchte so zu sagen, den teleskopischen
Blick für die Gesammtüberschau und dabei den mikro=
skopischen Blick für das Einzelne und Kleine zu halten
und zu bewahren, der allein könnte ein wahrhaftes
und lebensvolles Bild der Geschichte liefern; aber es
scheint beides fast unmöglich. Ist es ja auch sonst im
Leben und in der Wissenschaft so, die Detailkenner ver=
lieren meist die Uebersicht und den Männern der allge=
meinen Betrachtung fehlt es häufig an specieller Einsicht.

Beim Nachhausegehen sah ich ein eigenthümliches
Bild. An der Ecke der Goldschmidgasse unter der
Gaslaterne saß ein Knabe von sieben bis neun
Jahren mit einem großen Pack Zeitungen auf dem
Schooß, er rief aber seine Waare nicht aus, sondern
las emsig, mit dem Finger auf die Linien deutend und
die Worte mit eifrigen Lippen leise vor sich hin=
sprechend, die neueste Nummer des Blattes: „der
Radikale." Die Mutter kam und zankte den Jungen,
daß er lese, statt zu verkaufen. Ich beruhigte sie da=
durch, daß ich dem Knaben noch so spät einige

Blätter abnahm. Sei es Instinkt oder was war's? Der Knabe gab mir nicht das Blatt des Radikalen, in dem er bereits gelesen hatte, es mochte ihm schon gebraucht vorkommen, er reichte mir ein frisches.

Du armer Knabe und ihr vielen andern alle, die ihr diese Blätter verkauft, was geht von ihrem Inhalte auf euch über? Es wäre von psychologischer Bedeutung, das zu ergründen...

den 23. Oktober.

Also schon beim Frühstück zeigt sich's, daß wir belagert sind. Keine Milch und vor allem kein vollsaftiges Obers (so nennen sie hier den Rahm). Jetzt werden's Tausende von Menschen merken, die das ganze Jahr nicht daran denken, wie abhängig wir vom Landleben draußen sind. Ein sonst trockener Geselle bemerkte, der Kaiser und Windischgrätz hätten bemerkt, daß die Wiener Freiheit Zähne habe und darum werde sie jetzt von der Milch entwöhnt.

Es ist eine tägliche Erfahrung, daß eine mißliche Lage die Selbstironie aufreizt, man spottet über sich, über seine Ungeschicktheit oder sein Mißgeschick, das ift das erfte Aufrichten beim Falle. Der Trockene hatte eine befondere Paffion für den edeln Kapuziner, wie man hier den braunen Kaffee nennt.

Wir follen überhaupt nicht mehr wiffen, daß es eine Welt draußen giebt, denn feit mehreren Tagen find wir ohne Briefe und Zeitungen.

Gleich beim Ausgehen wurde uns indeß eine wichtige Nachricht. Oefterreich fcheint feinem Zerfalle entgegen zu gehen. Man fagt, daß Tyrol fich reichs- unmittelbar erklärt habe, Andere behaupten, es habe die blauweiße Fahne ausgeftecft und fich an Baiern angefchloffen.

Die einen frohlocken, die anderen machen bedenk- liche Mienen.

Oefterreich muß zertrümmert werden und zerfallen, das erfcheint Vielen als der kürzefte Prozeß zum Sturz der Dynaftie und als der einzige zur wirklichen Ein- verleibung Deutfchöfterreichs in Deutfchland. Aber nur felten find es eingeborne Oefterreicher, die ich auf diefen Weg hinweifen fehe. Ein unverkennbarer allgemeiner Zug der Volksftimmung harmonirt mit der Forderung ftaatskundiger Männer, für das Verhältniß

eines Gesammtösterreichs zu Deutschland eine beson=
dere ausnahmsweise Regelung zu finden.

Weil diese schwierig ist, ist sie darum unmöglich?

Im Reichstage erfahren wir, daß ein Ausschreiben
des Tyroler Landtagsausschusses den Reichstag zu
Wien als unter dem Einfluß der Anarchie und des
Terrorismus tagend darstellt, da in Wien die republika=
nische Partei herrsche und daß dem zufolge der Tyro=
lische Landtag eröffnet wird. Der Reichstag protestirt
gegen diese Maßnahme. Das Gesetz zum Schuße
der Abgeordneten, das auf der Tagesordnung stand,
wird nach einer Debatte von derselben verwiesen.

Die größte Aufregung herrscht in der Stadt.
Viele, die sonst von der Centralgewalt nichts wissen
wollten, setzen jetzt die letzte Hoffnung auf die Reichs=
kommissäre. Ich habe Welcker als Mann von hin=
gebendem Edelsinn immer hoch geachtet. Jetzt ist es
in seine Hand gegeben, ein großes Werk zu vollbrin=
gen, die innersten Sympathien Deutsch=Oesterreichs
für das Gesammtdeutschland zu gewinnen. Aber er
muß hierher kommen und nicht draußen Lügenberichte
sich aufbinden lassen. Wenn jetzt die Centralgewalt

Auerbachs Tagebuch.   **11** zwischen die gezückten Waffen vermittelnd tritt, hat sie eine überwältigende Macht gewonnen. Dennoch — und das ist das entsetzlich Tragische unsers Schick= sals, das durch die lange Trennung über uns ge= kommen, — dennoch würde der Einmarsch deutscher Reichstruppen, Baiern oder Preußen, eine fast unerklär= liche Aufregung überall hervorbringen. So geschieden und gespalten ist das deutsche Vaterland, und Wenige wollen und können zur Klarheit durchdringen; aber die Centralgewalt muß mindestens vor allem Volke mit der ganzen Energie des moralischen Gewichtes auftreten. Zeigt sich Welcker hier und verspricht die Vermittelung, so fliegen alle Herzen Deutschland zu, denn Alles will die friedliche Ausgleichung und nur wenige Tollköpfe wollen den Kampf um jeden Preis. Eine Stadt, in der die Reichsversammlung tagt, die man lobend anerkennt, und doch eingeschlossen und belagert — das ist unerhört.

Wenn die Stadt nicht von Außen entsetzt wird, so sagen alle Einsichtigen, kann sie sich nicht lange halten.

Ich ging Nachmittags hinaus nach der Vorstadt

Roßau, um bort die Wirkungen der ersten Bombe zu sehen, die in die Stadt geworfen worden und einen Theil eines Dachstuhls abgebrannt hat. Ein Legionär ging mit uns und die Leute in der Vorstadt grüßten ihn alle zuvorkommend. In solchem Ansehen steht die akademische Legion. In der Thuryvorstadt, nicht weit von dem Hause das ein Mann Namens Thury nach dem Türkenkriege zuerst wieder erbaut hat, war die Kugel in die Dachfirste eingedrungen. Ueberall standen die Frauen und Kinder vor den Häusern. Obwohl dieser Theil die Wohnstätte der ärmsten Klassen sein soll, sah ich doch nicht jene Abgerissenheit, wie man sie in andern Städten bemerkt. Angst und Schrecken lag auf allen Gesichtern und wie viele mochten sich den Urgrund dieses ganzen Krieges nicht erklären können!

Von den Vorposten her knallten immerwährend einzelne Schüsse. Einsichtige behaupteten, daß das Pulver beispiellos unnütz verpafft werde, aber es ist gar zu verführerisch, wenn man stets die geladene Flinte in der Hand hat, nicht auch einmal loszubrennen, trifft man auch nicht, so erweckt es gewisser-

11 *

maßen den Sinn des auf der Lauer Liegenden zu
neuer Spannkraft. Der Knall sagt ihm, was er
kann und will und er wartet wieder ruhiger. Wir
stiegen bei den Vorposten in einem Holzhofe auf eine
hohe Bretterlage zu mehreren Obenstehenden, wir konn=
ten einzelne Stellungen und Bewegungen des Feindes
genau übersehen, aber kaum hatten wir mit dem
Tubus einen Punkt fest ins Auge gefaßt, ging das
Feuern von neuem an, zu unsern Füßen wurde es
erwiedert, wir waren hier oben gerade recht gute Ziel=
punkte für die Jenseitigen und wir wollten ihnen und
uns die schöne Aussicht nicht lange gewähren. Jetzt
krachten Kanonen von jenseits, Pelotonfeuer von
hüben und drüben folgten, und als wir in die Vor=
stadt zurückkehrten, wurde Allarm geschlagen und
Sturm geläutet. Aus allen Häusern kamen Bewaff=
nete, aber sie beeilten sich nicht sonderlich, man war
an das Allarmiren gewöhnt, das ging schon seit
lange Tag für Tag so. An einer Ecke, wo der
Sammelplatz für einen Trupp Nationalgarbisten war,
sah ich häßliche Streitigkeiten unter denselben. Wenn
man mit der Welt draußen in Streitigkeit und

Bitterkeit gerathen ist, geräth man leicht in heftigen Haber mit der nächsten Umgebung, die dasselbe leidend uns zur Seite steht.

In der Stadt war nichts zu bemerken von dem was in der Vorstadt vorging. Alles ging hier ruhig, so weit noch von Ruhe die Rede sein kann, seinem Wege nach.

Durch ein Plakat an den Straßenecken wurden wir erinnert, daß die Studenten in der Aula zu dieser Stunde eine Versammlung zu allgemeiner Besprechung ausgeschrieben hatten. Robert Blum sollte dort reden. Wir gingen hin. Wir trafen Blum mitten in seiner Rede, der Saal war nicht ganz gefüllt und in den Versammelten war nichts von jener momentanen feierlichen Gehobenheit zu bemerken, die ein mächtiges Wort, aus dem Herzen kommend und erschütternd in dasselbe bringend, anzufachen vermag. Man spazierte am Ende des Saales hin und her und war nicht selbstvergessen über sich hinaus getragen, festgebannt an Eine Stelle. Was war jetzt auch noch zu sagen, wo die Flamme der Kampfeslust überall von selbst so hoch auflobert? was vermag da der Hauch eines Wortes, um

sie höher aufsteigen zu machen? Es that mir leid, daß
Robert Blum sich mißbrauchen ließ und von Menschen,
die mit ihm prunkten, sich dazu hergab, den Wienern
zu zeigen, wie er zu reden versteht. Und in dieser Rede
war auch gar nichts, in dem der Wiederschein einer
augenblicklichen Entflammung sich kund gab. Mit der
an Robert Blum bekannten Sicherheit des Ausdruckes,
mit seiner ruhigen Herrschaft über langathmige Pe=
rioden setzte er die alten Sünden der dynastischen
Partei auseinander. Einen Terrorismus, den man
gegen die inneren Feinde üben müsse, deutete er nur leise
an und ließ es unentschieden, ob die inneren Feinde bloß
die Stimmungen im eigenen Herzen oder Personen
seien. Vielfache Hochs unterbrachen den Redner bei
Kraftausdrücken und geschickten Wendungen. Das
gemessene kanzeltönige Aneinanderreihen der Worte, bei
denen diese wie die Korallen eines Rosenkranzes ab=
fielen, ließ die Unterbrechungen durch Hochs sich ohne
Störung einfügen, es ging dann wieder im ruhigen
Laufe weiter. Immer glaubte man gegen das Ende,
jetzt und jetzt sei der Schluß, aber immer knüpfte sich
wieder Neues an; zuletzt ermahnte er zu muthigem Aus-

harren, er und feine Genoffen würden mit ihnen fiegen oder fallen.

Ein Student beflieg nach ihm die Tribüne, brachte Blum, der Frankfurter Linken und dem deutfchen Vaterlande ein Hoch und fomit war die Befprechung zu Ende.

Beim Weggehen drängte fich Alles um Robert Blum, der den Calabrefer mit wallender Feder auf dem Haupte und ein Schwert an der Seite hatte. Einige drängten fich an ihn und faßten ihn fogleich hüben und drüben unter'm Arme. Mir fchien, als ob Robert Blum doch nicht recht wohl wäre in diefer Umgebung, er ift zu flug und hat eine zu lange politifche Bildung, um nicht bald einzufehen: das find keine Menfchen, die ein Volk zu führen, noch weit weniger es zu regieren ver= ftehen.

ben 24. Oktober.

Es ift herzzerreißend, Deutfchöfterreich ift verloren für Deutfchland und das hauptfächlich durch die Reichskommiffäre. Da ift heute ein Schreiben derfel= ben aus Krems vom 21. an den Präfidenten des

Reichstags an die Ecken geschlagen. Die Reichskommissäre sagen: „Nachdem wir seither in Linz und auf
der Reise hierher durch Mittheilung der Behörden und notabler Einwohner die Lage der
Dinge zu Ollmütz und Wien näher erfahren", hätten
sie sich zum Kaiser begeben und fordern nun auf, bis zu
ihrem Erscheinen „jedes Zusammentreffen mit den
Waffen" zu vermeiden. Wir wissen es hier Alle nur
zu gut, wie draußen die schmählichsten Lügen über
Wien verbreitet werden. Hier hätten darum die
Reichskommissäre Einsicht der Zustände nehmen müssen,
um dem Kaiser, der bis jetzt die Wahrheit nicht hören
will und darf, diese darzulegen. Und ist es denn in
die Hand der Wiener gegeben, das „Zusammentreffen
mit den Waffen" zu vermeiden?

Es thut mir tief wehe um Welcker, daß auch er sich
unfähig zeigt, die Neugestaltung des Vaterlands mit zu
leiten, daß auch er zu denen gehört, die durch den
graußen Lärm der Ultra-Radikalen sich von ihrem
Prinzip verdrängen ließen, daß auch er nun die Anschauung der Volkszustände in den Kanzleien einholt,
während gerade in Oesterreich bei dem Mangel an

fähigen Köpfen es noch nicht möglich war, die Aemter mit solchen Personen auszufüllen, die ein ungetrübtes Verständniß für die jetzige Sachlage haben. Wie viele Männer, die ehedem so tapfer zum Volke standen, ließen sich durch den wirren Lärm einzelner Ultra's kopfscheu machen und sehen jetzt die Zustände des Vaterlandes nicht mehr unbefangen mit eigenen Augen, sondern vom Ministerstuhle herab aus offiziösen Berichten. Sie sind verloren für die neue Zeit.

Ich muß mich jetzt den Spottreden gegenüber schämen, so offen meine Zuversicht auf Welcker ausge= sprochen zu haben.

Während die Schatten der Reichskommissäre an den Schwänden erscheinen, tritt Windischgräz mit seiner ganzen Brutalität heraus; er verlangt nicht nur allge= meine Entwaffnung, sondern auch die Auslieferung von zwölf Studenten als Geißeln und sein dritter unschul= biger Paragraph lautet: „mehre von mir noch zu be= stimmende Individuen sind auszuliefern."

Es ist offenbar, man will Wien mit teuflischem Raf= finement zu einem Verzweiflungskampfe zwingen, denn wer kann die Geißeln ausliefern? und dann die „noch mehreren von mir zu bestimmenden Individuen"? Sind diese Bedingungen nicht ein Hohn ohne Gleichen in der Geschichte der civilisirten Welt? Dies war auch die Stimmung in der Abendsitzung des Reichstages, in welcher Schuselka das Verfahren des Windischgrätz mit eben so viel Wärme als erhabener Ruhe beleuchtete. Es war die Empörung der Humanität gegen einen kaum für möglich zu haltenden Kannibalismus. Es ward daher beschlossen: „Da Feldmarschall Fürst Windischgrätz, im offenen Widerspruch mit dem Manifest vom 19. und in offener Nichtachtung des Reichstagsbeschlusses vom 22. d. M. Maßregeln verfügt, welche nicht nur die constitutionellen, sondern auch alle Menschen= und Bürgerrechte aufheben, erklärt der Reichstag dieselben nicht nur für ungesetzlich, sondern ebenso gegen die Rechte des Volkes als gegen den constitutionellen Thron für feindlich."

Die Aufregung in der Stadt ist bis zum höchsten Gipfel gestiegen. Siegesmuth erfüllt Alle. Die Waffen sind durch das Gesetz geweiht.

Es kommen leider auch Erzesse in den Vorstädten

vor, einzelne Bewaffnete machen Erpreſſungen, das Standrecht iſt gegen dieſelben verkündet.·

Das Waſſer iſt abgeſchnitten, die Brunnen auf den öffentlichen Plätzen ſind trocken.

Es heißt wiederum, daß ein Kampf zwiſchen den Ungarn und Kroaten ſtattgefunden habe. Wer will noch daran glauben? Anderſeits heißt es, die Ungarn ſeien durch eine ruſſiſche Note, wonach man ihr Land beim Ausmarſche zu beſetzen droht, innerhalb ihrer Grenzen zurückgehalten; das Abenteuerlichſte wird aus= geſprengt, aber auch nicht geglaubt. Man ſtellt ſich jetzt hier auf die eigene Kraft und hofft nicht mehr auf die Ungarn.

den 25. Oktober.

Man ſagt heute, Windiſchgrätz ſei nach Olmütz berufen. Noch glimmt ein Hoffnungsſchimmer auf friedliche Ausgleichung.

Man hört indeß auf den Linien immer feuern.

Windiſchgrätz verkündet, wer die Waffen gegen ihn führte, der wird ſtandrechtlich behandelt und heute er= läßt Meſſenhauſer den Tagesbefehl, wonach „jeder

Eingeborene bei Vermeidung standrechtlicher Behand=
lung die Waffen zum Schutze der Stadt zu tragen ver=
pflichtet ist." Das sind glänzende Doppelaussichten.
Indeß wird es mindestens in der Stadt nicht so genau
genommen.

Wenn es zur entscheidenden Schlacht kommen sollte,
so ist Wien nur durch Entsatz von außen zu retten.
Der Abgeordnete Hans Kublich, der den Antrag auf
Aufhebung der Robot stellte, erhielt vor wenigen
Wochen einen glänzenden Fackelzug, wobei die Bauern
Reden voll Dank und Aufopferungslust hielten. Da
war Gut und Blut bereit. Jetzt soll Kublich draußen
sein, um den Landsturm aufzubieten, aber da und
dort sollen ihn die Bauern gefangen gehalten haben
und er soll von manchen Orten nur mit Gefahr seines
Lebens entkommen sein. Freilich läßt man draußen
auch Manifeste verbreiten, wonach der Kaiser allein
den Bauern die Robot geschenkt habe.

Die Erlasse des Kaisers mit dem großen WJR am
Anfange werden hier als Abkürzungen gedeutet. WJR
heißt: Windischgrätz, Jellachich, Radetzky.

Bemerkenswerth ist, daß man auf Basteien und

Vorposten keine eigentlich prinzipielle Bezeichnung für den gegenüberstehenden Feind hat, man sagt in der Regel nur: das Militär, nur Wenige sagen: die Kaiserlichen. Die Sache, um die man kämpft, ist mehr zurückgetreten und nicht leicht in ein Wort zu fassen, der Kampf an sich ist eine Nothwendigkeit und Alles ist wie ein großes Duell, das man aufgenommen und nun mit Ehren durchfechten muß.

den 26. Oktober.

Es wurde schon so oft gesagt, daß Truppen überge-gangen seien und Viele glaubten das, so daß heute viele Soldaten mit weißen Fahnen sich unter dem Schein der Verbrüderung der Leopoldstadt näherten und dann ein mörderisches Feuer eröffneten. Das ist eine edle Krieg-führung. Die Taborlinie, Prater und Augarten sind vom Militär besetzt. Die Leopoldstadt soll nicht mehr zu halten sein.

Rings um Wien steht Alles in Flammen.

Im Reichstage sprach es Schuselka aus, daß der Brand rings um Wien lauter spräche als Alles, er müsse auch diejenigen erhellen, die bis jetzt nicht sahen und nicht sehen wollten, was man thue.

den 27. Oktober.

Die Thatsachen drängen und stürmen, die Hand hat kaum so viel Ruhe, um einige flüchtige Notizen in die Schreibtafel zu zeichnen. Jeder ist in solchen Tagen nur ein Tropfen im stürmenden Meer. Ich kann nicht sagen, wo ich den ganzen Tag war. Mit der übergehängten Büchse, ein Dutzend Patronen und Zünder in der Tasche, trieb's mich umher. Als ich in der Dämmerstunde über den Platz an der Freiung ging, hörte ich Orgelklang in der Schottenkirche. Ich ging hinein. Die Mette war eben zu Ende, die Lichter am Altare wurden ausgelöscht und nur das ewige Lämpchen brannte fort, aber die Versammelten verließen die Kirche nicht. Eine Frau, die vor einem Seitenaltare lag, stimmte ein Lied an von rührend ergreifender Melodie und alle Andern blieben auf ihren Knieen liegen und sangen weiter ohne Orgelklang. In solchen Stunden fällt all das dogmatische Außenwerk des Kirchenthums ab und der rein menschliche, der ewig lautere Gehalt, der überall nur verschüttet und verdeckt ist, tritt strahlend heraus. Löscht nur die Kerzen ringsum aus die all die Zuthaten bescheinen, das ewige Lämpchen brennt still fort.

Morgen soll die entscheidende Schlacht sein und hier sammeln sich nun die Geister in sich; die Einen nennen das Vertiefung in das innerste Heiligthum, die Andern nennen es Erhebung zu einer Heiligkeit, die über uns steht — die Wirkung ist dieselbe.

Es hat etwas Ergreifendes, daß mitten in dem Wogen und Branden noch eine stille Stätte bewahrt bleibt, darin das Herz seine Ruhe findet. Da ist draußen Alles auf Rollen gesetzt, nichts bleibt mehr fest, hier aber behält Jegliches seine Ruhe wie der eingewurzelte Baum im Erdengrund. Es gehört ein starkes Herz, ein Wesen das den ganzen Schwerpunkt in sich gefunden, dazu, um in solchen Zeiten in der eigenen Behausung oder draußen irgendwo stille stehend, die ganze Kraft in Ruhe in sich zu sammeln. Darum werden zu allen Zeiten für Ge= müther, die nicht den Schwerpunkt in sich gefunden und sich deshalb nach Außen anlehnen müssen, feststehende Formen sich darbieten, unter denen das erschütterte Einzelbewußtsein sich deckt; hier diese aufgethürmten

Kirchenbauten als sichtbare Zufluchtsstätten; darum werden diese zu allen Zeiten und besonders in solchen ihre heilende und stützende Kraft darthun. . .

Ich begegnete später einem Reichstags-Deputirten, wir wollten mit einander nach der Rothen-Thurmbastei um dort die Feuer zu betrachten, deren Schein den Horizont rings herum umzog.

Auf dem Graben geriethen wir auf einen großen Trupp Menschen. Zwei bekannte Volksführer gingen mit Bewaffneten voran. Sie preßten Jeden, der unbewaffnet auf der Straße ging zum Freiwilligen. Wir beiden waren den Anführern bekannt, wir durften frei passiren und hatten sogar das Glück, einen barhäuptigen Kellner aus unserer Bekanntschaft, der zitternd auf uns zustürmte und um unsere Fürsprache bat, mit wenigen Worten aus der Reihe der Freiwilligen zu erlösen.

Der Anblick der hoch auflodernden Gebäude rings um den großen Theil der Stadt, so weit ich diese von der Bastei aus übersehen konnte, war entsetzlich.

Noch spät am Abend lernte ich Messenhauser kennen. Sein Gesicht mit dem kleinen schwarzen

Barte und den dunkeln Augen ist von nicht bedeuten=
dem Ausdruck. Sein Behaben und seine Redeweise
bekundet anspruchlose Gutmüthigkeit. Es ist in ihm
wieder jene seltsame Getheiltheit, die man leider so
oft findet; einfach und schmucklos im gewöhnlichen
Leben, wird er schwulstig und mit allerlei Phrasen=
flitter ausstaffirt, sobald er die Feder in die Hand
nimmt. Seine Plakate sind unausstehlich bombastisch.
Bei Messenhauser mag dieses Doppelwesen oder diese
Theilung in eine natürliche und in eine Kunst=
natur noch persönlich darin die Erklärung finden,
daß er früher als österreichischer Offizier das gei=
stige Leben und seine Ausdrucksweise als jenseitigen
Gegensatz zu seinem Berufe sich erhalten und gestalten
mußte.

Er erklärte mehreren Deputirten in vertraulicher
Weise die ganze Vertheidigung von Wien mit allen
vorbereiteten Operationen. Er legte dabei einen Plan
der Stadt Wien auf den Tisch, schien aber darin
doch nicht recht zu Haus, denn ein kriegskundiger
polnischer Deputirter korrigirte ihn mehrmals und
sagte, das was er meine, sei hier und hier u. f. w.

Auerbachs Tagebuch.   12

Ohne die geringste Verletzlichkeit nahm das Mef=
senhaufer hin. — Aus seinem ganzen Thun ging mir
hervor, daß dies kein Mann war, der den Beruf
hatte, an der Spitze einer großen Bewegung zu stehen
oder gar in der friedlichen Organisation des Staates
eine Rolle zu spielen. Die Bestimmtheit, die in sich
ruhende Selbstgewißheit, die auch oft auf die Um=
gebung einen imponirenden Einfluß übt, geht ihm
gänzlich ab. Er ist ein schwärmerischer Demokrat,
aber das ist noch lange nicht genug, um eine Stel=
lung außer der gewöhnlichen Reihe zu haben. Frei=
lich war er an diesem Abende ermattet; aber auch in
dem Ermüdeten, ja selbst in dem Ruhenden erkennt
man die Macht der in ihm liegenden Bewegung, zumal
wenn diese eine bedeutsame ist.

Der kriegskundige polnische Deputirte ermahnte
Messenhaufer noch, seine Leute diese Nacht heimgehen
und ruhen zu lassen, um sie nicht unnöthiger Weise
auf den Basteien abzumatten. Er versprach's.

Um Mitternacht verhandelte noch der Gemeinderath
mit dem permanenten Ausschusse des Reichstages, um
Mittel und Wege zu finden, daß Windischgrätz seine

Bedingungen so stelle, daß der Stadt eine Möglichkeit gegeben sei, auf dieselben einzugehen. Windischgrätz hatte sich nun doch herbeigelassen, außer den Geißeln die Namen derjenigen zu bezeichnen, die er ausgeliefert haben wollte.

Ich hörte noch spät aus der sichersten Quelle, daß trotz der ausgesprengten unbezwinglichen Macht der Stadt, diese doch nur einen ersten Angriff ein oder längstens zwei Tage aushalten kann, dann muß sie sich ergeben.

Wie gräßlich, wenn die da braußen wüßten, daß sie einem sieglosen Kampfe entgegen gehen! Und ben= noch sagt uns ein Plakat, mit Fenneberg unterzeichnet, daß wer entmuthigende Reden führt, standrechtlich be= handelt wird. Freilich, die Stadt kann die Windisch= grätzschen Bedingungen nicht erfüllen, sie muß sich erobern lassen.

den 28. Oktober.

Das ist also der entscheidende Schlachttag. Man hört schon früh fernen Kanonendonner, durch die Straße wirbelt die Allarmtrommel, vom Stephan

12*

ertönt die Sturmglocke, nnd wenn der Generalmarsch
sich weiter zieht, schallen rasche Pferdetritte dahin.

Das Haus, in dem ich wohne, hat ein Vorder-
gebäube nach der belebtesten Straße, mein Zimmer geht
nach einer kleinen Seitengasse. Ich kann die peinliche
Unruhe, die mich erfüllte, nicht beschreiben. Jetzt still
hier zu sitzen, während draußen Tausende um Leben und
Tod mit einander ringen...

Der polnische Reichstagsdeputirte, der neben mir
wohnte, kam herüber, er konnte auch nicht allein sein
in solcher Aufregung. Man spricht mit einander, die
Stimme schallt, aber man hört sich nicht. Was ließe
sich auch jetzt sagen, das die Seele erfassen könnte?
Auch unsere Hauswirthin kam, sie hatte Besuch erhalten, eine jüngere Schwester war mit ihrem kleinen
Kinde aus der Vorstadt hereingezogen und ihr Mann
stand als Nationalgardist eben draußen im Kampfe.
Es war plötzlich eine Annäherung aller Hausbewohner
eingetreten, von oben, von unten, während man sich
sonst nicht grüßte; man besprach sich auf Treppe und
Flur, aber es gab nichts mitzutheilen als allgemeine
Bangigkeit. Da war ein Bruder, da ein Sohn, dort

ein Vater draußen unter den Waffen. Ich gestehe, daß
ich mich vor mir selber schämte, es nicht zu sein. Ich
habe nicht nöthig, hier meine persönlichen Verhältnisse
und deren Berücksichtigung darzulegen, auch fragte sich
nicht mehr, um was gekämpft wird, es war ein allge=
meines Ringen, in dem keine Kraft und sei sie auch noch
so ungeübt, ruhen soll. Ich hatte mich bereit erklärt,
für den innern Dienst in der Stadt meine Kraft zu
verwenden.

Alle Hausbewohner waren zusammengelaufen wie
bei einem plötzlichen Brande und man trennte sich jetzt
wieder, weil man sah, daß man nicht löschen konnte. —
Die Dienstmädchen rannten nach dem Hofthor, um
ihre Neugierde zu befriedigen und Bericht zu er=
statten.

Freunde von bekannten literarischen Namen, die
theils in einem andern Flügel des Hauses wohnten,
theils aus ihrer Wohnung in der Vorstadt sich hieher
begeben hatten, kamen später zu mir. Jene gräßliche
Stimmung war allgemein, in der das gepeinigte Herz
eine Krisis anschaut, die das Leiden nun doch
enden soll.

182

Auf **12** Uhr war eine Reichstagssitzung anberaumt. Wir nahmen unsere Waffen und gingen hin. Ein sonst nicht zu erzürnender Freund zankte heftig mit einem andern, der auf diesem Wege seine Zigarre weiter rauchte. Erst nach dem Wegwerfen derselben hörte er auf über diese Herzlosigkeit zu schmähen.

Auf den Straßen lag der hellste goldne Sonnenschein, aber alle Laden ringsum waren geschlossen und kaum zeigte sich hier und dort eine scheue Gestalt und verschwand schnell wieder in einem Hause oder in einer Seitenstraße. Es war in der Stadt wie in einer stillen hellen Mondnacht, da Alles schläft und der sanfte Glanz vom Himmel sich ungestört über Häuser und Straßen breitet. Die Menschen schliefen aber nicht, ihr Herz pochte krampfhaft hinter den Mauern.

Die Reichstagssitzung war vertagt, der Saal war geschlossen. Wir kehrten wieder um. Eine wohlgekleidete Frau, die uns begegnete, trat mit den Worten auf uns zu: um Gotteswillen, meine Herren, wie wird es denn werden? — Was konnte man ihr sagen als: das entscheidet sich jetzt. Wir kehrten nach meiner Wohnung zurück und die Stunden, die wir jetzt hier

verbrachten, gehören zu den peinlichsten dieser ganzen
Zeit.

Nichts ist kläglicher und schmerzvoller als in solchen
Tagen und Stunden zur Stellung eines aufgeregten
Zuschauers verdammt zu sein. In diesen beiden
Worten liegt das ganze Prickelnde der kochenden Un=
ruhe einer = und der gezügelten Zurückhaltung ander=
seits. Die da draußen auf den Schanzen und Barri=
kaden liegen und lauernd mit der Büchse hanbiren, sie
sind glücklich! Mit jedem Knall der Büchse, mit jeder
Kugel, die dahinsaust, befreit sich ihr Herz von einem
Stück Leidenschaft und selbst dieses Leben voll Todes=
nähe wird zur Lust. Es ist die Anspannung der ganzen
Daseinskraft, die ein gewisses wohliges Gefühl in sich
schließt, aber jetzt stille sitzen zu müssen, das ist höchste
unnennbare Qual.

Wer das Leben, seine Bedeutung und seine Nich=
tigkeit, wer das Absterben der Daseinsfreude kennen
gelernt, dem könnte ein rascher Soldatentod nur er=
wünscht sein. Aber wo ist hier eine Fahne, nach der
man sterbend aufschauen kann?

Die Stellung eines aufgeregten Zuschauers ist

nicht nur in dieser Stunde, sondern in unserer ganzen Zeit die mißlichste. Wir sind in einen Strudel gerathen, daß nur noch der Schrei der Leidenschaft gehört wird; wer nicht aus der Leidenschaft und zu derselben spricht, wird kaum vernommen und seine Worte verhallen wirkungslos. Wer Muth und Besonnenheit zu vereinigen trachtet, der kommt in jene Doppelstellung, daß er einerseits mit einzugreifen trachtet in die rollende Bewegung und anderseits sich wieder zurückziehen muß, weil er sieht, daß die dämonische Macht der Leidenschaft allein wirkt.

Vielleicht kommt jetzt die Zeit, die uns aus dieser Stellung erlöst.

Abends besuchte ich einen jungen Arzt, der in der Rothen-Thurmbastei in der kasemattirten Schmiedewerkstätte ein Feldspital hatte. Die gegenüberliegende Leopoldstadt war ganz in den Händen der Feinde.

Ich war droben auf der Bastei. Sobald sich jenseits einzelne oder mehrere Bewaffnete blicken ließen, knatterte ein allgemeines Gewehrfeuer von der Bastei, das von drüben nur mit einzelnen Schüssen erwiedert wurde. Als ich dann wieder in das Spital ging, kamen jedesmal so oft droben das Gewehrfeuer knatterte, mehrere Nationalgardisten zu uns in die Kasematte geflüchtet. Die Wachhabenden behielten ohnedem ihren Posten und ließen sich seit lange nicht ablösen. Die droben aber waren zum heftigsten Kampfe bis auf den letzten Mann entschlossen.

Grausenvoll war wiederum der Anblick des Bran=des, der rings um die Stadt loderte, der ganze Himmel war flammenroth.

Die Landstraße und die Leopoldstadt sind von den Truppen besetzt. In der Stadt wimmelt es von Geflüchteten aus den Vorstädten.

den 29. Oktober.

Der vierte Sonntag.

In der ganzen Stadt ist es wie das Ausruhen eines Ermüdeten, der sich zum Verschnaufen niedersetzt, aber von peinlicher Ungeduld getrieben nicht auf der Stelle bleiben kann. Es ist Waffenstillstand. Man sagt, der Gemeinderath und das Oberkommando hätten die Uebergabe beschlossen und da man die Be=

dingungen nicht erfüllen kann, Windischgräh ersucht,
selber in die Stadt einzurücken und seine Bedingungen
auszuführen. Aber schon daß man dies sagt und
nicht gewiß weiß, zeigt, welche heillose Verwirrung
herrscht.

Gegen Abend wurde eine Versammlung von Ver-
trauensmännern aus allen Compagnien zusammen-
berufen, um über die Annahme der Bedingungen zu
berathen. Es wurde beschlossen, sofort alle Feindselig-
keiten einzustellen. Die Nachricht hievon brachte gewaltige Aufregung in allen Gruppen auf der Straße
hervor. Einzelne suchten dazu zu bewegen, daß man
die Waffen nicht hergebe, Andere beschwichtigten.. Ich
ging mit einem Freunde und wir hörten in einem Trupp
einen Mann sagen: „man übergiebt die Stadt aus
Mangel an Munition." „Nein, aus Ueberfluß an
Verrath!" schrie ein Anderer.

Die Fäulniß, die eine niedergeworfene Leidenschaft
so leicht anfrißt, zeigte schon jetzt ihre ersten fleckigen
Spuren. Namen, die man sonst nur mit höchster
Verehrung nannte, wurden jetzt als verächtliche Verräther ausgerufen. „Demaskire dich, demaskire dich,"

riefen Garbisten und Legionäre einander zu und dieses Wort klang wie ein verzweifelter Hohn.

Ein Bürgersmann, der von der beschlossenen Uebergabe hörte, schnallte ruhig den Tragriemen von seinem Gewehre los, steckte ihn ein und sagte: „Ich habe ihn gekauft, er kostet mich dreißig Kreuzer Münze, den sollen die Kaiserlichen nicht bekommen, wenn ich mein Gewehr abliefern muß."

Ein großer Theil der Bürger schien sich ruhig in das unabwendbare Schicksal fügen zu wollen, aber die Proletarier und die übergegangenen Soldaten schienen streitmuthig sich nicht daran zu kehren. Sie zogen in großen Trupps umher, besetzten die Basteien und trafen alle Vorkehrungen zur Weiterführung des Kampfes.

Es ist ein unverzeihlicher Mißgriff, daß man die beschlossene Uebergabe bei Nacht kund werden ließ. Welche Gräuel können in solcher Nacht geschehen, wo widerspenstige zum Aeußersten entschlossene bewaffnete Haufen sich vorfinden? Wer kann abwehren, daß nicht das Gräßlichste geschieht? Ein Morden und Brennen ins Blinde hinein?

Ich ging mit mehreren Freunden noch spät in der

Nacht über die Straße. Es war so ruhig wie im tiefsten Frieden. Dieses Volk setzt sich die Krone des höchsten Ruhmes auf, es wäre besserer Führer würdig gewesen. Mitten im Aufruhr, fast ganz sich selbst überlassen, will es nichts von Zerstörung des eingefriedeten Daseins. Heilig ist das Eigenthum! schrieb es vielfach mit eigener Hand an die geschlossenen Kaufladen und ich höre von einem, der es selbst mit angesehen, daß ganz abgerissene zerlumpte Menschen Silberzeug an den Gemeinderath ablieferten, das sie aus unbewohnten Häusern in Vorstädten mitnahmen, um es vor den eindringenden Kroaten zu retten.

Edles Volk von Wien! Der Tag deiner Herrlichkeit und Größe wird anbrechen, wenn du auch jetzt zwischen Säbeln und Bajonnetten eingekerkert wirst.

den 30. Oktober.

Die Uebergabe ist beschlossen. Das Plakat des Oberkommandanten, das dies an den Ecken verkündet, wird indeß von Bewaffneten abgerissen und ich sehe nur noch Stücke davon. Was soll aus diesem Zustande werden?

Schon begegnen uns Bekannte, die sich selbst zu erkennen geben müssen, denn sie sind durch Abnahme des Bartes und des Haupthaars sowie durch veränderte Kleidung ganz unkenntlich.

Mittag erscholl nochmals die Allarmtrommel. Was giebt's? Die Ungarn sind da. Eben jetzt ist die Schlacht. Niemand will's glauben. Und doch wer kann jetzt noch täuschen wollen? Alles greift wieder zu den Waffen.

Ein lange gehegtes sehnliches Verlangen wurde mir jetzt endlich erfüllt. Ich erhielt durch eine Reichs= tagsdeputirten die Erlaubniß den Stephansthurm mit ihm zu besteigen. Droben trafen wir große Aufregung. Bei der Glockenstube neben der Wohnung des Thür= mers waren an vier verschiedenen Seiten Tubusse aufgestellt. Ein Observirender nach dem andern ver= kündete laut, was er sah und dieses wurde drinnen in dem Stübchen aufgeschrieben. Wir konnten noch ziemlich deutlich das Ende der Schlacht sehen; sie war in der Gegend von Inzersdorf. Ich sah die „Kaiserlichen" deutlich die Kanonen laden, die Plänkler in den Graben liegen, die Reiterei aufgestellt und

mitunter einen Verwundeten herbeischleppen. Messen=
hauser hatte bereits die Nachrichten in die Stadt hinab=
geschickt und durch kleine Zettel verbreiten lassen, daß
man eine Schlacht bemerke, über die sich noch nichts
Bestimmtes sagen ließe, daß man aber auf Alles ge=
faßt sein soll. Die Schlacht zog sich weiter weg,
auch dies wurde hinab verkündet. Drunten in der
Stadt wirbelten die Trommeln fortwährend, wir
gingen weiter hinauf zu Messenhauser, der auf dem
hölzernen Balkon, nahe der höchsten Spitze, seine Beob=
achtungen machte. Eine Leiter hinauf und wieder eine
hinab stieg man hinaus auf den Balkon. Messenhauser
sah sehr abgemattet aus, er schraubte mehrmals sein
Teleskop auseinander und wieder zusammen. „Die
tragische Parole unserer Tage, das „zu spät" scheint
sich auch bei den Ungarn zu wiederholen" wurde ge=
sagt. Messenhauser nickte ohne zu antworten.

Er war in eine sehr mißliche Lage gerathen. Drun=
ten schilt man ihn feig und Verräther und von der
letzten enthusiastischen Hoffnung bewegt, ließ er sich
dazu verleiten, nach geschlossener Capitulation Nach=
richten über die Truppenbewegungen draußen durch

den Druck zu verbreiten und wenn auch nicht als
Befehl, doch ziemlich deutlich zum feindlichen An=
sichhalten der Waffen aufzufordern. Fast unabläffig
kamen drängende Anmahnungen durch hitzige Boten
aus der Stadt herauf. Man wollte die Leopold=
ftabt angreifen, er follte Befehl dazu ertheilen; er
that's nicht und ließ doch die Streitluft gewähren.
Freilich hatte er augenblicklich feinen Kopf verwirkt,
wenn er fich energifch dagegenftellte. Die fchwan=
kende Halbheit mit all ihrem Fluche fenkte fich mit
den Nebeln herab, die fich jetzt über die Gegend
lagerten. Schon einmal war vom Studentenkomitee,
das fich aufgelöft hatte und beim Heranrücken der
Ungarn wieder zufammengetreten war, eine Auffor=
derung an Meffenhaufer ergangen, des Inhalts, er
habe bei feiner Energielofigkeit u. f. w. das Vertrauen
verloren und möge augenblicklich beßhalb feinen Ober=
befehl niederlegen. Meffenhaufer nahm das Schrei=
ben, das ihm ein hoch erglühender Student über=
brachte, las es zweimal, nickte dabei, legte das
Schreiben wieder ruhig in feine Falten, übergab es
mir mit den Worten: „was fagen Sie dazu?"

„Sie antworten," sagte ich, „daß Sie Ihr Oberkommando nur in die Hände derer niederlegen, die es Ihnen übergeben haben. Sie sind vom Generalstabe gewählt und nicht vom Studentenkomitee."

Er bat mich um mein Bleistift und schrieb seine Antwort.

Wie das nun so geht, in den Pausen und da sich bei dem eintretenden Nebel wenig mehr beobachten ließ, sprachen wir vom Handwerk. Auf die Bemerkung, daß es eine starke poetische Licenz sei, wenn man in den Dramen so unmittelbar vom Thurme herab durch einen Herold den Gang der Schlacht verkünden lasse, da hier vom Stephan keine Stimme hinabbringe, sprach Messenhauser viel von dramatischen Plänen u. s. w. die er habe. Auch über Gustav Freytag sprach er viel und er konnte diese souveräne Natur nicht recht begreifen, die mit einer gewissen oberherrlichen Freiheit die wandelnden Gebilde des Tages keck spielen läßt. Schwarz-gelb und Schwarz-weiß waren für Messenhauser geläufige Kategorien.

Als die Dämmerung eintrat, kamen abermals Abgesandte auf den Thurm. Doktor Becher und

Löbenstein waren mit darunter. Sie verlangten un=
bedingt und augenblicklich die Abdankung Messen=
haufers, Fenneberg solle an seine Stelle treten. Ich
sprach eifrig gegen dieses Verfahren und hatte deßhalb
eine heftige Debatte mit Becher. Ein Nationalgar=
dist der auch herauf gekommen war, nahm mich bei
Seite und sagte leise: „Sie reden sich um Ihren
Kopf. Fenneberg ist bereits Kommandant. Messen=
haufer mag nun noch machen, was er will."

Messenhaufer ging nun mit den Abgesandten
hinab, er behielt seine Mütze auf und ließ seinen
Tschako mit dem weißen Federbusche auf der Bank
liegen. Ein unwillkürliches Schaudern überkam mich
als ich so im Dunkel und Nebel den Tschako auf
der Bank stehen sah. Was geht jetzt mit dem Kopfe
vor, den er bedeckte, wenn sich Messenhaufer beharr=
lich weigert?

Wir warteten ab bis die Nacht völlig eingebrochen
war, dann bemerkten wir in weiter Entfernung den
Widerschein dreier großer Lagerfeuer am Horizonte.
Der Direktor des Observationskorps, ein tüchtiger
Optiker und dabei kriegserfahren, behauptete, daß

Auerbachs Tagebuch.   13

jedenfalls die Ungarn zurückgedrängt wären, andere Sanguinische wollten geltend machen, daß das dritte Wachtfeuer gewiß von dem aufgebotenen Landsturme sei, der zu Hülfe eile.

Wir gingen hinab in die Thürmerstube. Auch in der Observationsmannschaft herrschte ein kleiner Haber, der sich besonders gegen einen verschlossenen jungen Mann kehrte, der sich immer an Messenhauser herangedrängt hatte und jetzt dessen Tschako in der Hand trug, um ihm solchen zu bringen.

Hier hatten wir ein kleines Abbild davon, wie unmittelbar nach der Niederlage eine verhaltene Zwietracht sich unter den Genossen aufthut. Der Aerger gegen das große Ganze, den man nirgends anzubringen weiß, macht sich zunächst im Kleinen zum handfaßlichen.

Als wir eben im Begriffe waren herabzusteigen, kam ein Befehl an: es sind in gehörigen Pausen innerhalb einer Viertelstunde 6 Signalraketen von der Spitze des Stephansthurmes loszubrennen, unterschrieben: Fenneberg Interimskommandant.

Also war's geschehen.

Die Raketen rauschten auf und das Volk unten jauchzte und jubelte bei diesen hellen Feuerzeichen. Der Jubel drang laut zu uns herauf, die wir noch die dunkle Wendeltreppe hinabstiegen.

Wir gingen nach der Universität. Auf dem Hofe der Aula sah es wild aus. Haufenweise lagen hier die Waffen, die aus den Vorstädten und von den Bürgern der Stadt hierher gebracht waren. Ein großer Trupp Frauenzimmer hatte sich bewaffnet und eine die à l'enfant frisirt war, hob den rechten Arm immer hoch empor, blickte nach den Sternen und perorirte ganz gewaltig über die Feiglinge von Männern, die sich jetzt werden von den Frauen beschämen lassen müssen. Der Amazonentrupp ordnete sich und zog nach der Stadt. Es war eine häßliche Farce.

Gefährlicher war ein Trupp Männer, der sich jetzt mit dem Rufe zusammenschaarte: „Wir ziehen in der Stadt herum und wo wir einen Schwarzgelben treffen schießen wir ihn nieder!"

Ich stand oben auf der steinernen Vortreppe und, versuchte einige Worte an die Aufgeregten zu richten.

13*

Viele machten Lärm und wollten nichts hören, da rief einer mit gewaltiger Stimme: „Still, es ist ein Student, er soll reden!" Ich erklärte ihnen nun, daß es ja unmöglich sei, die Schwarzgelben herauszufinden; sie würden nur Unschuldige ermorden.

Ein herzugekommener Steyrer half mir die Leute beruhigen, und einer aus der Reihe rief: „Jetzt kein Wort mehr, wir wissen was wir thun. Wir ziehen nach der Burg, verbrennen den Thron und sägen dem Kaiser Franz den Hals ab." Schnell geordnet zogen sie davon.

Ich ging hinauf nach dem Komitee. Auf der Treppe sagte mir ein Unbekannter, daß die Ungarn die Raketensignale erwidert hätten. Wir wußten das besser, daß solches nicht geschehen war.

Aber droben trafen wir die Nachricht schon verbreitet und fanden mit unserem Widerspruche kein Gehör mehr. Man wollte gern Alles gelten lassen, was zur Ermuthigung beitrug.

Das Ober-Kommando war nun nicht mehr in der Stallburg, sondern hier auf der Universität. Ich traf hier auch Becher und Robert Blum. Dieser letztere schien meine Mittheilungen über den wirklichen Sachverhalt mit den Ungarn nicht recht zu glauben. Er war in sehr aufgeregter Stimmung.|

Viele Führer kamen an und betheuerten, daß sie mit ihrer gesammten Mannschaft nichts von Waffen= strecken wissen wollen. Sie wollten sich im äußersten Falle durchschlagen nach Ungarn.

Wir gingen in Begleitung eines Mitglieds aus dem Studentenkomitee nach einem Bierhause, denn wir waren Alle ausgehungert. Unterwegs sprachen wir noch am Stephansplatze auf der Wachtstube der Mobilgarde ein. Die Mobilgarde war hier auf dem Platze aufgestellt und auf das Gewehr gelehnt sang jeder lustig vor sich hin, hunderterlei Lieder, Jodler und dergleichen.

In der ganzen October=Bewegung war kein ge= meinsames Lied aufgekommen, das in festen Worten die Stimmung der Gesammtheit in diesen Tagen aus= prägte. Es ist dies nicht ohne Bedeutung. Sonderbarer Weise oder auch mit der akademischen Legion zusam= menhängend ist das Fuchslied: „was kommt dort von der Höh" mit willkürlich wandelbarem unterge=

legtem Terte hier ein allgemeines Volkslied geworden, aber hauptsächlich nur die Melodie, keine bestimmten Worte. —

In der Wachtstube sagte eben ein junger Mann dem Kommandoführer etwas ins Ohr, worauf dieser laut sagte: „Wenn ich dich nicht ganz genau kennte, ließ ich dich als Verräther verhaften." Es scheint, daß alle Darlegung der wirklichen Thatsachen jetzt als Verrath gilt.

In dem Bierhause gerieth unser Komiteemitglied in heftigen Zank mit zwei Gemeinderäthen. Der Gemeinderath hatte nemlich dem abgeordneten Studenten, der im Namen des Komitees die Ernennung Fennebergs und die Abdankung Messenhausers verlangte, barsch geantwortet, daß man das nicht thue: die Studenten hätten nichts mehr zu befehlen, sie sollten in die Schule gehen und etwas lernen.

Das war eine derbe Lektion und so zeigte sich nun, daß in der Auflösung auch sonst friedlich zusammen gehende Behörden hart an einander geriethen.

Wahrhaft herzerschütternd war's als noch spät mehrere Studenten kamen, lebensfrische muthige Gestalten und der schwerste Kummer lastete auf ihnen und sprach aus ihrem Antlitze wie aus ihren Worten, indem sie tief beklagten, nicht da oder dort bei einer Barrikade gefallen zu sein, der Tod, der Tod war das einzige was sie sich wünschten. Ein schöner junger Mann starrte mit auf der Brust gekreuzten Armen immer vor sich hin und saß unbewegt auf seinem Stuhle, nur bisweilen murmelte er vor sich hin: Alles ist verloren, Alles...

Wie Herrliches und Heiliges war hier im ganzen Volke rege und wie schmählich ist es von den Führern geopfert worden!

Auch diese Nacht noch kann uns Schreckliches bringen, die Auflösung ist allgemein.

den 31. Oktober.

Die Nacht ist ruhig vorüber. Erst gegen Mittag, wenn die Nebel ganz gefallen, läßt sich etwas Be= stimmtes über die Lage der Ungarn erkunden. Es wird wieder Allarm getrommelt und Sturm geläutet.

Ein Plakat von Messenhauser und Fenneberg unterschrieben fordert auf, die Waffen zu strecken, da

die Ungarn geschlagen sind. Wer ließ Sturm läuten
und allarmiren?

Ich ging auf den Stephansthurm. Das Obser=
vationskorps war ohne Leitung, schon das zeigte den
Stand der Sache. Es ließ sich wenig beobachten.
Der Nebel und dann ein Sturmwind, der hohe
Staubwolken aufwirbelte, verhinderte solches. End=
lich sah man große Truppenmassen, die man noch
nicht unterscheiden konnte, gegen die Stadt heran=
rücken. Der Zettel worauf man solche Nachricht
schrieb, wurde in eine runde Kapsel gelegt und diese
durch eine blecherne Röhre hinabgelassen. Man zog
dabei einen Schellenzug an um der Wachmannschaft im
Erdgeschosse anzuzeigen, daß eine Nachricht zur Wei=
terbeförderung käme. Eine antwortende Klingel zeigte
an, daß man die Kapsel erhalten habe. Ueberall
wurde von den Basteien gefeuert und das Feuer
besonders von der Leopoldstadt her stark erwiedert.
Dennoch glaubte man, daß die „Kaiserlichen"
nicht von dort einbringen wollen und das nur
ein Scheinangriff sei, um die Leute hier zu
beschäftigen. Man konnte nicht mehr auf den äußern

Altan hinausgehen, denn auch borthin waren bereits
Kartätschenkugeln geflogen. Hier oben ließ sich nichts
mehr erwarten, ich ging einem vorausgegangenen
Freunde nach auch hinab. Es war gegen drei
Uhr. Kaum auf der Straße angelangt, hörte ich
plötzlich furchtbaren Kanonenbonner von der Burg
her. Schlag auf Schlag wie ein riesiges Anpochen
an einen Felsenberg dröhnte es und über den Häup=
tern flogen die Brandraketen zischend hin. Die auf
der Straße gingen, brückten sich nah an die Häuser,
aber man konnte nicht mehr weiter gehen, denn die
Leute warfen in ihrer entsetzlichen Angst allerlei
Waffen aus dem Fenster; sie wollten diese schreck=
lichen Zeichen des Widerstandes nicht mehr bei sich
haben. Ich stellte mich unter einen offenen Bogen=
gang beim café français. Noch viele Männer und
Frauen hatten hier eine Zuflucht gesucht. Da zischte
eine Brandrakete uns ganz nahe an dem Hause des Erz=
bischofs herunter. Sie brannte lange fort auf dem
Pflaster und endlich holten wir sie. Das leere Blech
verbreitete einen mephitischen Geruch. Auf dem Platze
„der Brand" genannt, lagen in den bortigen offenen

Buden Hunderte von Gewehren, Säbeln und Pisto=
len. Ein Student, der bei uns war, rief einen ruhig
vorbeigehenden Arbeitsmann an, der eine Hacke auf
der Schulter trug; sie hoben mit einander die Stein=
platte von dem unterirdischen Abguß hinweg, verbar=
gen da hinein die Waffen, so viel hinein gingen und
legten den Stein wieder an seine Stelle. Kaum war
das geschehen, da kamen die Umwohner aus den
Häusern und schrieen, das werde sie alle verdächtigen;
sie hoben den Stein wieder auf und nahmen die
Waffen wieder heraus. Während dessen donnerte
und krachte es fortwährend aus zahllosen Feuer=
schlünden. Kugeln und Granaten und Brandraketen
flogen hoch hin und plötzlich schrie Alles: Feuer!
Man winkte den Leuten, die am Fenster standen,
sie mögen heruntergehen, das Haus brennt. In ein
Eckhaus auf dem Platze war eine Brandrakete gedrun=
gen, der Dachstuhl begann zu lodern, man drang
hinauf um zu löschen. Die Einwohner drängten sich
herab und ein junges Mädchen fiel unten angekommen
ohnmächtig nieder. Der Brand war bald gelöscht.
Die Wirthin aus dem Hause ging nach dem Keller

und stellte allerlei Liköre in Bereitschaft, um die ein=
bringenden Kroaten durch zuvorkommende Bewirthung
zahm zu machen. Ein Handwerksbursche kam und
zeigte mit thränenden Augen ein Stück von einer
Granate, die ihm seinen Kameraden getödtet, den er
an der Hand führte. Der rollende Donner des Ge=
schützes dauerte immer fort. Da kam ein Trupp Be=
waffneter, unter ihnen war der einäugige Werber.
Sie schimpften uns tapfer aus, weil wir so unbe=
waffnet dastanden. „Die Ungarn sind da," schrieen
sie, „sie sind draußen auf der Landstraße, sie haben
die Kaiserlichen geschlagen, die sich nun in die Stadt
flüchten. Wir müssen sie zurückschlagen; nur noch
Einmal Kampf und Alles ist gewonnen!" „Die
Ungarn sind da," schrie der Einäugige immer. Als
Niemand mitging, zogen sie ruhig ihres Weges.

Der Stephansplatz, von heller Sonne beleuch=
tet, war wiederum leer. Dort stand eine ver=
lassene Kanone und bald kamen einige Männer und
schoben sie fort. Jetzt kam Dr. Becher, er ging mit=
ten in der Straße unbewaffnet, er hatte beide Hände
in die Taschen seines rostfarbenen Rockes gesteckt.

Als er mich sah, nickte er und ging vorüber. Wieder war Alles leer und draußen donnerte fortwährend das Geschütz; da kam ein hemdärmliger Trommler allein um die Ecke. Er schlug unaufhörlich den wirbelnden Allarm, aber — Niemand kam...

Ich ging wieder nach dem Stephansthurm. Hier herrschte schrecklicher Wirrwarr. Ein Municipalgardist kam und brachte einen schriftlichen Befehl vom Gemeinderathe, daß wir augenblicklich die weiße Fahne aufziehen müssen, widrigenfalls würden alle, die sich im Stephansthurme befinden, standrechtlich behandelt. Wir hatten keine weiße Fahne. Da drangen Einige in die Wohnung der Thurmwärterin, nahmen ein frisches Leintuch und zogen es als weiße Fahne auf. Bald darauf kamen Andere und schrieen: wir seien alle des Todes; die Proletarier und die übergegangenen Soldaten wollten nicht, daß man die weiße Fahne aufziehe, sie werden Alle niedermetzeln, die sie als Urheber dieser That im Stephansthurme finden. Wir ließen den Stephansthurm für sich selbst sorgen und machten uns auf nach einer nahen Weinschenke. Gräßlich war's, wie ein hohnlachender Haufe unter einem

Hofthore, accompagnirt von dem furchtbarsten Kanonendonner das „Gott erhalte unsern Kaiser" anstimmte
und dazwischen wieder Pfeifen und die erbittersten
Flüche auf das Haus Habsburg hören ließ. In der
gasbeleuchteten gewölbten Weinstube fanden wir eine
große Gesellschaft. Ein starker Mann mit glänzendem
Antlitze setzte sich zu mir und nannte mich beim Namen.
Ich kannte ihn nicht, bis mir seine Stimme betheuerte,
daß es der Dr. Frank sei. Der wallende Bart war
gefallen und in seiner ganzen Tracht hatte er sich dem
Passe ähnlich gemacht, den er bei sich trug und dem-
zufolge er ein Opernsänger war. Ein Schriftsteller,
der bei ihm war, sagte mir ganz vertraulich: „Jetzt
geht die Zeit der geheimen Verschwörungen an. Diese
müssen uns helfen..." Ich kann das nicht glauben und
es darf nicht sein. Mit Preßfreiheit und Versamm-
lungsrecht sind Verschwörungen der bare Unsinn.
Es wäre schrecklich, wenn sich die Jugend von Aber-
witzigen verleiten ließe, auf diesen Irrweg einzugehen.

Plötzlich klirrt eine Glasthüre. Ein neuer Gast
stürzt herein und ruft: die Soldaten sind da! Todtenstille
herrschte in der ganzen Stube. Da ruft endlich einer:

„wenn sie kommen, sagen wir guten Abend." Die Jungen waren wieder gelöst.

Wir gingen hinaus. Der Kanonendonner war verstummt. Ich ging nach Hause. Von der Burg her sah man ein großes Feuer. Auch meine Waffen waren während meiner Abwesenheit von meinen ängstlichen Hausleuten auf die Straße getragen worden.

Der Gatte der jungen Frau, die sich mit ihrem Kinde zu unserer Wirthin geflüchtet hatte, kam bald nach mir an. Er war unversehrt und das Wiedersehn des jungen Ehepaars war ergreifend. Nicht lange nachdem sich der glückliche Nationalgardist gesetzt hatte, sagte er: „Frau, weißt du, wonach ich ein großes Verlangen habe? Ich freue mich kindisch darauf, wieder eine gute Musik zu hören. Seit Wochen hört man nichts als bum bum und biff baff. Eine gute Musik ist's, worauf ich mich freue."

Wär's möglich? Sollte das ein Typus des Wiener Charakters sein, der sich so schnell wieder in sein altes Gebaren und Genießen wieder hinein findet?

Ich wurde nach meinem Zimmer gerufen. Einer der Hauptführer der extremen Tagespresse war da. Ich begleitete ihn nach seinem Verstecke. Es war ein seltsamer Kontrast, wie der junge Mann hier bebend durch die Straßen ging, in denen Volk und Soldaten laut jubelten.

Die hiesige demokratische Partei war so wenig organisirt, hatte so wenig wirklichen Zusammenhang und festen Boden, daß einer der lautesten Wortführer keine Familie, kein Haus aus seiner Partei kannte, das ihn jetzt in seiner Noth aufzunehmen bereit war. Das ist einer der stärksten Beweise, wie all ihre radikale Agitation hier in die Luft gestellt war. Der junge Mann gehörte nicht zu denen, deren Auslieferung Windisch= grätz gefordert hatte, und der Mann, der sich bereit erklärt hatte, ihm ein Versteck zu gewähren, war jetzt unwirsch und mürrisch, da die Sache ernst wurde. Er hatte nicht den Muth, sein Versprechen zurückzunehmen und benahm sich jetzt nur bei Allem was man sagte, verstockt und wortkarg.*)

---

*) Ich muß hier auch anmerken, daß nach meinen zuverläs= sigsten Erfahrungen das ungarische Geld, von dem man so viel fabelte, bei den Oktoberhelden nicht vorhanden war. Die Soldaten mögen Einiges und zwar blutwenig erhalten haben, sonst aber mußten sich die Führer bei ihrer Flucht größtentheils Geld borgen.

Als ich zurückkehrend über den Platz „am Hofe"
ging, sah ich dort mächtige cyklopische Gestalten bei
Fackelschein mit großen Hämmern arbeiten; es waren
Grenadiere. Sie hatten den Kandelaber, an den
Latour gehängt war, zertrümmert. Dort neben lagen
die Eisenstücke aufgeschichtet und jetzt arbeiteten sie
daran, die Grundpfeiler zu zerschmettern und heraus-
zuheben. Bei jedem Stücke, das sie heraushoben, rief
ein Volkshaufe ringsum: Hoch! und abermals Hoch!

Die Spur der grausen That sollte vertilgt werden
von der Erde. Wer weiß, wie Viele von denen, die
hier jauchzen, damals beim Anschauen des Mordes
laut aufjubelten!

Die Häuser waren illuminirt bis in den fünften
Stock hinauf und überall hingen weiße Fahnen heraus,
Vorhänge und Leintücher an Stangen.

Viele ehrsame Bürger hatten weiße Sacktücher um
den linken Arm gebunden als Flagge ihrer friedlichen
Gesinnung. Sie unterhielten sich mit den Soldaten,
die überall auf den Straßen aufgestellt waren, und als
diese von ihren Strapazen erzählten, hörte ich oft in
aufrichtigem Tone bedauern, daß sie soviel ausgestanden.

Von der Burg her leuchtete eine große Flamme; die Bibliothek und die Augustinerkirche standen in Brand.

Die Kroaten schwärmten in den Straßen umher und suchten zu erhaschen, was sie habhaft werden konnten. Einen meiner Freunde, einen bekannten Schriftsteller aus Preußisch-Sachsen hielten sie an, um Pulver bei ihm zu suchen; sie durchstöberten alle Taschen, endlich fand einer die Taschenuhr und mit den Worten: Pulver! Pulver! sprang er mit der Uhr davon.

Männer und Frauen spazierten Arm in Arm über die Straßen, man schien sich auf der Straße sicherer zu fühlen als daheim. Wie mit einem Zauberschlage war Alles überall mit Soldaten besetzt; wohin man ging, standen schon die Kolonnen. In Aller Herzen war eine gewaltige Aufregung und doch ist anzunehmen, daß die Soldaten sich nicht minder vor den Wienern fürchteten als diese vor ihnen. Die Soldaten schienen zu glauben, daß eine verzweiflungsvolle Partei noch im Hinterhalte laure und plötzlich auf sie losbrechen werde.

Auf alten großen Bildern sieht man häufig — während die ganze Versammlung einer großen Aktion mit angespannter Aufmerksamkeit zuschaut, oder thätig daran Theil nimmt — ein Kind im Vordergrunde, das mit einer Frucht, einem lebendigen oder leblosen Spielzeug sich beschäftigt und so selbstvergessen nichts weiß und nichts will von all dem Schauerlichen oder Glänzenden was da geschieht. Es wird uns damit veranschaulicht, daß neben dem erregten Geschlechte noch ein stilles Leben beiher geht, das unbekümmert um die großen Wandlungen sein stilles Sein fortsetzt.

Ich war in einem Zigarrenladen, da trat ein brauner Soldat ein und verlangte Zigarren; man gab ihm eine ganze Handvoll. „Sie," sagte der kleine Sohn der Verkäuferin, „Sie, sein Sie auch von Windischgrätz?" „Nir deutsch!" lautete die Antwort des gebräunten Krie= gers, der davon ging.

„Wenn du größer wirst, kannst du auch kroatisch lernen," sagte die Mutter zu dem Knaben, der von Allem was vorging nichts verstand.

Du wirst's noch lernen, armes Kind, denn von heute Abend ist die Parole gegeben worden: „Nir deutsch!"

Auf den Straßen waren diejenigen ganz glücklich, die czechisch und kroatisch sprechen konnten. Sie unter= hielten sich eifrig mit den Soldaten und Mancher, der da und dort auf gut Wienerisch einen Soldaten anreden wollte, erhielt die allgemeine Antwort: Nir deutsch! Das Wort klang mir an diesem Abend beständig im Ohr und ich konnte es nicht los werden. Nir deutsch!

den 1. November.

Wird Deutsch-Oesterreich das Elsaß des Slaven-reiches und Wien das slavische Straßburg werden? Bisher hatte das germanische Element immer eine über-wiegende Kraft und wenn heute alle Völker Oesterreichs, die Ungarn und Kroaten mit eingeschlossen, auf einem Reichstage zusammenkämen, könnten und müßten sie die deutsche Sprache wählen. Wird aber von jetzt, nach-dem vornehmlich Czechen und Kroaten Wien eroberten, nicht ein neuer Stand der Dinge mit ganz neuen An-sprüchen datiren? Von gestern an beginnt eine neue Geschichtsepoche Oesterreichs. Es werden jetzt starre Anmuthungen neuer oder vielmehr erst sich sammelnder Nationalitäten auftauchen.

Ich wünsche ein falscher Prophet zu sein, sagte mir ein staatskundiger Mann, aber es wird jetzt kommen, daß eine neue absolutistische Politik überall kaum

14*

geahnte Nationalitäten aushedt, um sie durch Eifer=
süchteleien gegenseitig zu bändigen und zu binden.

Der Kampf zwischen den deutschen und czechisch=
slavischen Nationalitäten ist ein ungleicher. Bei den
Deutschen ist das Nationalbewußtsein lässig, einge=
schlummert; es hat eine große ruhmreiche Geschichte
ohne lebendige Nachwirkung in der Gegenwart, die
Geschichte ist mehr in Büchern verzeichnet und im An=
benfen der Gelehrten; der Neubau des deutsch=natio=
nalen Lebens fann außer seinen geistigen Errungen=
schaften nichts Triebfräftiges mit hinübernehmen in die
Zukunft. Die Masse der Deutschen ist hier in Oester=
reich wie braußen ohne jenes gesunde nationale Selbst=
gefühl, das wir bei den andern selbständigen Völfern
finden und die Gebildeten geben sich großentheils dem
neuen als hochphilosophisch auspofaunten Kosmopoli=
tismus hin. Sie werden erst fühlen, was das heißt,
wenn sie fremdes Gnadenbrot essen.

Das czechisch=slavische Nationalbewußtsein hat sich
schon unter Metternich als verdeckte politische Oppo=
sition ausgebildet und jetzt ist die erste offene Ausbrei=
tung um so lecker und muthvoller. Die czechisch=sla=

vifche Nationalität ist eine aufgeftachelte, gefpannte, und ohne in den Mitteln wählerifch zu fein, eine nach allen Seiten hin in beftändiger Agitation gehaltene. Fehlt es ihr auch gegenüber der deutfchen an jenem großen Bildungsinhalte, fo weiß fie das an friegerifcher Auf= reizung, Eroberungsgelüften u. f. w. zu erfeßen.

So ift der Kampf der Nationalitäten ein ungleicher an Intenfität.

So lange Deutfch=Defterreich mit dem deutfchen Gefammtvaterlande eng verbunden ift, ftrömt hin und her immer neue Lebens= und Bildungskraft, daß es den czechifch=flavifchen Gelüften unmöglich fein wird, das Deutfchthum niederzuhalten oder gar nach und nach zu zerftören. Wird aber Defterreich von Deutfchland ge= trennt, fo ift die nationale Kraft des Deutfchthums mehr als in Frage geftellt.

Wenn es möglich wäre, wenn Deutfchland zu einer feften Einheit in fich gelangte ohne Defterreich, Deutfch= land könnte nie im vollen Wohlgefühle feines Beftehens froh werden.

Ein alter Bibelkommentar erklärt tieffinnig, warum der fo fromme und ergebene Erzvater Jakob fich nie

tröſten konnte über den Verluſt ſeines Sohnes Joſeph,
deſſen blutiges Gewand man ihm als Todeszeugniß
überbracht hatte. Und es heißt, ein tief verborgenes
Gefühl ſagte ihm: Joſeph iſt nicht todt und Troſt läßt
ſich nur finden über den Verluſt deſſen, der wirklich
todt iſt.

Trotz des blutigen Gewandes des Bruders Joſeph
in Oeſterreich, iſt er nicht todt und wir ſollen und wir
können nicht Troſt finden, bis er wieder eingegangen in
die lebendige Familie...

Auf den Straßen iſt eine ganz neue Bevölkerung,
das allgemeine Demaskiren ſcheint wirklich vollzogen.
Man ſieht faſt lauter Leute mit Handſchuhen, die ſehr
hell und glänzend, während man dieſen Luxus ſeit
Wochen gar nicht mehr kannte, und wie viel Bärte und
lange Locken ſind ſeit geſtern gefallen! Die deutſchen
Hüte und Kalabreſer ſind wieder durch den abge-
ſchmackten Cylinder verdrängt.

Wir wollten nach dem Reichstage. Er iſt von
Schwarzenberg geſchloſſen worden. Der Reichstag trat
in einer geheimen Sitzung zuſammen, vertagte ſich bis zum
15., um alsdann wieder in Wien zuſammen zu kommen.

Der Reichstag durch Soldaten geschlossen!

Alle erträumte und angejubelte Volksfreiheit ist eine illusorische, eitel Gaukelspiel, so lange das Soldaten= thum immer bereit gehalten werden kann, dem Debat= tiren und Verhandeln mit plötzlicher Gewalt ein Ende zu machen.

Darum ist auch der Mittelpunkt des Angriffes bei allen Bewegungen in Deutschland auf den Sturz des Soldatenthums gerichtet. Wir waren und sind durch dasselbe geknechtet. Trotz aller Phrasen von Liebe und Treue, von der Einheit des Volks= und Fürstenwohles ist in Wahrheit der Bestand der Fürstengewalt noch auf die Bajonette gestützt und der Volksgeist allüberall eine mit Waffengewalt vollzogene und besetzt gehaltene Eroberung.

Die Bürgerwehr, wie sie bis jetzt ist, ist nur ein schwacher Nothbehelf; man läßt sie gewähren, so lange es den Herrschern beliebt. Die radikale Umgestaltung des Militärwesens ist die erste Aufgabe des neuen Rechtsstaates.

Wien ist also erobert und es steht auch als äußere Demonstration vor Augen, daß das neue Oesterreich das alte ist, das seinen Schwerpunkt in dem Militär sucht und findet.

Wird aber der Kaiser je wieder in das eroberte Wien, in die zerschossene Burg seiner Väter zurückkehren können? Das hat man wol nicht bedacht, als man Wien zur Revolution zwang?

Solche Gedanken drängen sich gewissermaßen durch all das Gewirre, das draußen um uns herrscht. Der Staat hat seinen Schwerpunkt im Reichstage verleugnet und ihn in die Soldateska gesetzt. Der Kampf beginnt nun erst aufs Neue.

In der abgelaufenen Periode konnte man bisweilen mit Recht sagen: die einzelnen Menschen und ihre Denkprozesse sind größer als die Verhältnisse. Jetzt ist das umgekehrt. Wie durch eine Urschöpfung bilden sich die Ereignisse heraus. Die ultra-demokratischen lauten Redner, wie die diplomatischen Laurer betrügen sich und Andere, wenn sie vorgeben, das und das gemacht zu haben. Die ganze Kraft besteht jetzt in dem Benützen des Geschehenden. Die Geschichte spielt mit den Männern, die Lenker zu sein glauben; die genetische Nothwendigkeit mit ihrer Negation des absolut freien Willens, die die Philosophie bisher demonstrirte, lehrt sich jetzt von selbst auf allen Straßen. Wer eine Vorsehung in politischen Dingen will, muß sich mit zu ihrem Vollstrecker machen. Es ist sehr zu fürchten, daß die Diplomatie es besser verstehen wird, das Geschehene zu benützen, als die Demokratie je vermochte...

Welch ein neues Leben überall! Zwischen den geputzten Menschen schleichen überall einzelne Kroaten mit kriechenden Geberden. Einer sagte einem begleitenden Freunde, der Kroatisch verstand: es sei ihnen verboten zu rauben und darum betteln sie. Nur klingendes Geld wollen sie, sie trauen dem Papiere nicht.

Man spricht von den scheußlichsten Gräueln, die sie in den Vorstädten verübt. Mit dem großentheils erlogenen Rufe: Aus diesem und aus diesem Hause ist geschossen worden, drangen sie in die Häuser, mordeten und plünderten nach Lust. Ich will nicht weiter die allgemein verbreiteten gräßlichen Thatsachen aufzählen, die eine Folge davon sind, daß man Barbarenhorden in die deutsche Hauptstadt sendet und sie darin wirthschaften läßt. — Dort ist ein Haus umstellt, man sucht einen Rädelsführer. In dem Hause eines meiner Bekannten, wo sie einem jungen Manne nach= forschten, nahmen die untersuchenden Soldaten alle silberbeschlagene Meerschaumpfeifen mit.

Bei einem Deputirten, den ich selber sprach, hielt ein deutscher Offizier mit einigen Mann Soldaten ebenfalls Untersuchung und ergoß sich in die heftigsten Schimpfworte, als er Thiers Geschichte der franzö= sischen Revolution auf dem Tische liegen fand. Er würde es nicht dulden, daß ein Abgeordneter solche Bücher lese, rief er. Der Offizier soll nach Be= stätigung des Hausmeisters einen bekannten Namen haben, an den sich im nichtösterreichischen Deutschland die besten Hoffnungen knüpfen.

Ich kann es nicht über mich gewinnen, die allge= mein erzählten hunderterlei Großthaten, wie sie von den Wiederherstellern der Ordnung ausgeführt worden, zu verzeichnen.

Am Abend ging's seltsam rührig her auf den Straßen. Auf allen Plätzen sangen die Soldaten bei ihrem Beiwachfeuer. Da konnte man alle Spra= chen des vielgemischten Oesterreichs und die fremden

Nationallieder hören. Die Czechen an der Stephans=
firche sangen lärmend das Lied: Schuselka nam pice.
Es ist ein Spottlied auf Deutschland.

Schwere, trübe Gedanken! Bleibt es eine ewige
Wahrheit, daß ein Volk nur durch ein tragisches
Schicksal frei wird? War die lange Knechtung, das
Unterbinden aller freien Lebensströmungen nicht
tragisch genug? Müssen auch noch die offenen Wun=
den bluten und da und dort ein Riß mitten durch das
Herz der Familien gehen? Verlangt alle Erlösung
nothwendig und immerdar ein sich opferndes Mär=
tyrthum?

Dieses Oesterreich hatte so schön, fast friedsam
idyllisch seine freie Bewegung gewonnen. Ist es ein
nothwendiges geschichtliches Gesetz, daß die siegende
Revolution fort und fort schreitet, bis sie ihr äußerstes
Ziel erreicht oder eine blutige Niederlage erlitten?

Die Freiheit, die wir in Deutschland erobert,
leidet an einem innern Zweifel, an einem Mißtrauen,
an einer Eifersucht, wie wir sie im Einzelleben oft

beobachten können, indem der thatsächliche Grund, worauf sie sich stützen will, entweder wirklich vorhanden, oder durch das Mißtrauen die Eifersucht erst hervorgerufen und erzeugt hat.

Wir können noch nicht glauben, daß es den Fürsten aufrichtig ernst ist mit der Neugestaltung ihres Verhältnisses zu den Völkern...

Das muß ich noch berichten. Heute Mittag zog Jelachich umgeben von seinem Generalstabe hoch zu Rosse und geleitet von den Sereczanen und Rothmäntlern im Triumphe in die Stadt ein. Die Sereczanen schrien unaufhörlich: vivat, vivat, vivat! und zu meinem Schmerze muß ich berichten, daß auch aus dem umgebenden Volke der Ruf erwiedert wurde.

Die Wiener haben Eljen, Zivio, Eviva und alles Mögliche gelernt.

Ich will glauben, daß die Leute ihre eigene innere Stimme, die anders lautete, aus Furcht vor sich selber und vor dem Feinde überschrieen. Das Schrecklichste, was sich in solchen Tagen in der Seele festsetzen könnte, wäre die Volksverachtung. Frauen besonders ließen aus allen Fenstern, grüßende weiße

Tücher flattern und Jelachich dankte verbindlich nach allen Seiten. Er ist ein kräftiger Mann mit einem Gesicht worauf die Spuren vielerlei Erlebnisse stehen. Die Rothmäntler halten in ihrer Erscheinung die Mitte zwischen Zigeunern und Banditen. Eine rothe Mütze auf dem Haupte, ein langer fast bis an den Boden reichender rother Mantel mit gleichfarbiger Kapotte. Eine rothe Jacke mit Schnüren, die bei den Offizieren von Gold, ein verzierter Gurt um die Hüften, in dem die Pistolen und ein Dolch stecken, eng anliegende gelbe Beinkleider und rothe Schnür-stiefel, so marschirten die Sereczanen daher mit dem Stutzen auf der Schulter.

Als der Triumphzug vorüber war, das Vivat noch fern her scholl, kam aus einer Seitengasse ein Trupp Soldaten. Sie führten einen Gefangenen in einem braunen Paletot in ihrer Mitte. Der Mann hatte den Hut tief in die Augen gedrückt und hatte den Blick zur Erde geheftet, — in seinem Knopfloche war das schwarz-roth-goldene Band. Die Umstehenden wagten es kaum nach ihm hinzuschauen.

In den Zeitungen, die wir heute durch besondere

Vermittelung erhalten, lefen wir, daß das Parlament zu Frankfurt die §§ 2 und 3 des Verfaffungs-
entwurfs angenommen, während Jelachich an die
Slowanska lipa in Prag geschrieben hatte, daß er
nach Wien ziehe, weil dort die Feinde des
Slavismus feien, die er besiegen müsse...

Die deutschen Fahnen find überall verschwunden
und vom Stephansthurme herab weht das schwarz-
gelbe Banner. Niemand geht vorüber, der nicht danach aufschaut und man muß es den Wienern nach-
fagen, daß Vielen das als das Härteste erscheint, was
ihnen Windischgrätz angethan. Sie liebten die
deutschen Farben mit treuem Herzen, wenn fie auch
nicht recht dafür einzustehen wußten...

Die Statue Kaifer Josephs, in deffen Hand
zuletzt noch die zerrissene deutsche Fahne geblieben war,
hat nun auch eine neue schwarz-gelbe dafür erhalten.

Ich habe genug über die hiefigen Dinge geschrieben.

den 9. November.

Es ist nicht möglich, es wäre entsetzlich, das kann,
das darf nicht sein, es wird fo viel gelogen, man darf

nichts mehr glauben! Das waren die Ausrufe bei der
ersten Nachricht, daß Robert Blum erschossen worden.
Und doch wollte dieser und jener Augenzeugen gespro=
chen, oder von solchen es aus zweitem Munde gehört
haben. Die Haare sträubten sich vor dem Entsetzlichen:
Es kann nicht sein! so weit können sie nicht gehen!

Wir hielten diese Ungewißheit nicht länger aus.
Die Leiche Robert Blums sollte im Civilhospitale sein.
Ich eilte mit einem Deputirten dorthin: Die Leiche ist
nicht da, sie ist wol im Militärhospital, dem Josephi=
num, hieß es. Niemand von den jungen Aerzten wollte
mich dorthin begleiten. So fürchteten sich Alle nur
durch die Nachfrage nach dem Todten mit in eine heim=
liche Verhandlung verwickelt zu werden. Es war Nacht
geworden, als ich im Josephinum ankam. Der Hof
und die unteren Räume waren vom Militär besetzt. Der
Aufseher des Leichensaales war nicht da. Ein anwe=
sender Student sagte mir: man könne jetzt nicht hinein
und — setzte er hinzu — es ist nichts dort als die Leiche
Robert Blums...

So ist es doch wahr! und unabsehbares Elend lebt
auf mit dem Todten dort. — Ich erfuhr noch die näheren

Umstände vom Tode Robert Blums. Bis gestern
Nachmittag saß er mit Fröbel in demselben Zimmer ge=
fangen. Da wurden sie getrennt. Heute Morgen
5 Uhr wurde ihm das Todesurtheil verkündet. Er
sagte ruhig: es trifft mich nicht unerwartet. Der Geist=
liche vom Schottenthore, zu dessen Sprengel das Ge=
fängniß Robert Blums gehörte, kam, um ihm die
Beichte abzunehmen. Blum sagte, daß er nicht beichte,
und der Geistliche sagte: er habe das gewußt. Hierauf
schrieb Blum einen Brief an seine Frau, worin er sie
ermahnte, ihr Schicksal muthig und standhaft zu tragen
und seine Kinder so zu erziehen, daß sie seinem Namen
keine Schande machen, wie er selber seinem Namen
Ehre bringe durch den Tod für die Freiheit. Sodann
besprach er sich mit dem Geistlichen über Unsterblichkeit.
Mit drei Jägern und einem Offizier wurde er nach der
Brigittenau geführt. Als er nach dem Richtplatze ging,
stand er mehrmals still und holte tief Athem. Er bat,
daß man ihm die Augen nicht verbinde. Der Offizier
erwiderte: diesem könne nicht willfahrt werden, es ge=
schehe der Soldaten wegen, und Blum band sich selbst
das Tuch um die Augen.

Eine barbarische Prozedur, die ganz das verknöcherte Wesen der hiesigen Zustände bezeichnet, wurde noch mit Blum vorgenommen. Als der Delinquent zum Sterben bereit war, trat der Profos vor zu dem erecutirenden Oberst und sagte nach herkömmlicher Weise: „Herr Oberst, ich bitt' um Gnade für den armen Sünder." „Nein," lautete die Antwort. „Herr Oberst, ich bitt' um Gnade für den armen Sünder," wiederholt der Profos und „Nein" lautet wieder die Antwort. Zum dritten Male ruft der Profos: „Herr Oberst, bei Gott und der Allbarmherzigkeit, ich bitt' um Gnade für den armen Sünder." Darauf sagt der Oberst: „Bei den Menschen ist keine Gnade mehr, bei Gott allein ist Gnade." — Und jetzt wird Feuer kommandirt. Ist es nicht die un= menschlichste Barbarei, mit solchem leeren Formeldienst einen Sterbenden zu quälen? So lange der gnaden= spendende Fürst selber bei der Erekution war, hatte diese Form einen Sinn, jetzt ist sie eine in Hohn sich verwan= delnde Ceremonie.

Von drei Kugeln getroffen, sank Blum nieder. Die eine traf in die Stirne, die anderen in die Brust.

Sein letztes Wort war: „aus jedem Blutstropfen

von mir wird ein Freiheitsmärtyrer erstehen." Und das
Wort wird Wahrheit werden, aber wehe denen, die die
verrathenen Völker zwingen, über Ströme Blutes hin=
weg die Freiheit zu erobern. Wenn man so die Rache=
geister alle losbindet, wo bleibt da eine Macht, die
ihnen Einhalt zu thun vermag? Wo wird das enden?
Welchen entsetzlichen Gräueln sehen wir entgegen!

Im ersten Sturme der Eroberung, mit den heißen
Waffen in der Hand, den Widersacher niederstoßen,
oder ihn nach kurzem Verfahren zum Tode verurtheilen,
das läßt sich mit dem Affecte, mit einer Nothwendig=
keit der Sicherung, mit der Abschreckung erklären oder
auch entschuldigen, da nun einmal die Menschen nicht
davon lassen, das Gewicht ihrer Gründe endlich mit
der rohen Gewalt, mit den Waffen zu entscheiden. Aber
jetzt, nachdem die Stadt wehrlos, gebeugt in den
Händen des Entsetzlichen, jetzt in wenig Stunden,
heimlich, ohne Vertheidigung, ohne öffentlichen Zeugen=
aufruf einen Mann mit der Weihe eines Volkserwähl=
ten, unbekannt und ungeahnt in den Tod senden,
wer will da auftreten und sagen: das durfte geschehen,
weil er in den Tagen allgemeiner gesetzlicher Erhe=

bung gleiches Wort und gleiche Waffen führte mit fast allen Einwohnern der Stadt?

Wo solche Dinge geschehen, da ist alles Wort verloren, das gesprochene und das geschriebene.

Als ich das Josephinum verließ, kam eben ein Trupp Soldaten. In ihrer Mitte gingen zwei Män= ner, die trugen eine Bahre, auf deren Deckel ein schwarzes Kreuz, drinnen lag wieder ein Mann, den sie mit raschem Blei kalt gemacht. Wer mag das sein? Wessen Herz hat aufgehört zu schlagen?

Ich konnte die Soldaten nicht fragen, denn zit= ternden Herzens wußte ich, sie würden antworten: Nir deutsch.

––––––•––––––

Druck von E. H. Storch u. Comp.